Vivre la mer

LES SOUS-MARINS

Odile Clerc
Pierre-Emmanuel Dequest

Préface
du vice-amiral d'escadre
Jean-François BAUD,
commandant les forces sous-marines
et la force océanique stratégique

Une collection dirigée par l'amiral Jean-Louis Battet

Gulf stream éditeur

REMERCIEMENTS

CET OUVRAGE A BÉNÉFICIÉ DU SOUTIEN DU **CONSEIL RÉGIONAL DES PAYS DE LA LOIRE** ET DE LA RELECTURE TECHNIQUE **DE LA MARINE NATIONALE**

Sommaire

7 préface du vice-amiral d'escadre Jean-François BAUD

CHAPITRE 1

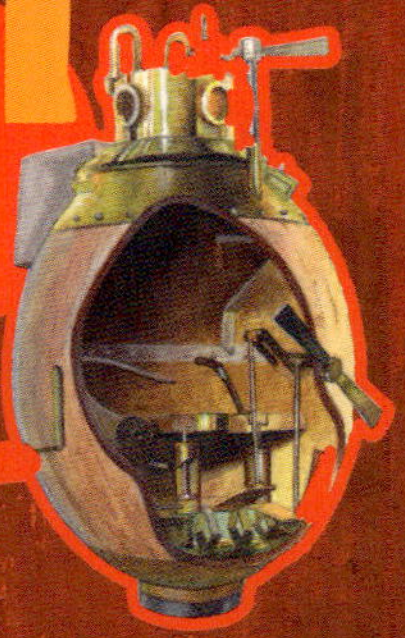

LES SOUS-MARINS DANS L'HISTOIRE

10 Les balbutiements
12 Les grands progrès
14 Les propulsions
16 Le tournant
18 L'Entre-deux-guerres
20 La Deuxième Guerre mondiale
22 La Guerre froide
24 La période post-Guerre froide

ISBN : 978-2-354880-49-1
Loi 49-956 du 16 juillet 1949 sur les publications destinées à la jeunesse

Un défi technologique et humain

Chapitre 2

28 Un sous-marin français diesel d'attaque
30 Construire un sous-marin ? Pas si facile !
32 Comment ça marche ?
34 Armement d'un sous-marin militaire
36 Les ennemis des sous-marins
38 Les sous-mariniers
40 La vie à bord

Chapitre 3

Les sous-marins aujourd'hui

44 Les sous-marins civils
46 Trois types de sous-marins militaires
48 À quoi servent-ils ?
50 Qui en possède ?
52 Les sous-marins de fiction

Les sous-marins célèbres

55 U-Boot allemand
57 SNA *Rubis*
59 SNLE *L'inflexible*
60 Bathyscaphe *Nautile*
61 Engin de sauvetage *Newtsuit*

62 Quelques bonnes adresses

OÙ VISITER DES SOUS-MARINS MILITAIRES EN FRANCE ? À Paris, à la Cité des sciences et de l'industrie : visite de l'*Argonaute*, un sous-marin diesel des années 1950 ; à Cherbourg à la Cité de la mer : visite du *Redoutable*, le premier sous-marin nucléaire français et le plus grand visitable au monde ; à Saint-Nazaire : visite de l'*Espadon*, un sous-marin diesel qui a fait 17 fois le tour de la Terre !

PRÉFACE DU VICE-AMIRAL D'ESCADRE JEAN-FRANÇOIS BAUD

Odile Clerc et Pierre-Emmanuel Dequest nous décrivent avec beaucoup de talent un monde que je n'ai pour ainsi dire jamais quitté depuis que j'ai choisi de servir notre pays au sein des forces sous-marines, il y a plus de trente-cinq ans de cela.

C'est un monde de passion, d'authenticité où la pugnacité est de mise sans qu'il y ait pour autant de certitudes, car sur un sous-marin rien n'est jamais acquis, tout peut arriver à n'importe quel moment. C'est un monde qu'il faut toujours savoir regarder avec les yeux de son premier embarquement car on ne retient que ce qui séduit – et ce n'est pas ce qui manque à bord –, les inconvénients sont alors occultés avec une facilité déconcertante et c'est une façon naturelle de résister à l'usure du temps. Tout se passe comme si les contraintes n'avaient plus de poids, le monde devient naturellement passionnant et même facile puisqu'il suffit de le vivre pleinement. Curieusement, c'est un espace de liberté où chacun a sa place et où se forge une dimension humaine que seul le fait de vivre en équipage pendant des mois dans l'adversité permet d'acquérir. C'est enfin un monde de compétence et d'expérience qui unit au sein d'une même fratrie les hommes qui conduisent des opérations sous l'eau et ceux qui conçoivent, réalisent et entretiennent les sous-marins.

Tous mes vœux de succès accompagnent cet ouvrage très pédagogique dont le ton n'est pas sans rappeler celui des sous-mariniers : direct, simple, accessible et chaleureux. Je suis sûr qu'il passionnera bon nombre de jeunes lecteurs dont certains découvriront peut-être qu'ils sont porteurs de cette vocation de vivre en mer dans la troisième dimension.

Chapitre 1

Les sous-marins dans l'histoire

LES BALBUTIEMENTS

Les premières tentatives

Les premières expériences sous-marines remontent à l'Antiquité, en Assyrie, environ 800 ans av. J.-C. Les « sous-marins » de l'époque étaient des outres en peaux d'animaux, gonflées d'air et lestées de pierres. D'après des récits historiques, Alexandre Le Grand, le conquérant grec, a fait construire vers 342 av. J.-C. une cloche de plongée pour explorer le fond de la mer. Il aurait plongé lui-même en compagnie d'un singe et d'un coq dans un tonneau doté de hublots et aurait pris une collation au fond de l'eau.
En Chine, vers 200 av. J.-C., des tentatives similaires ont été rapportées.

Bien avant de vouloir voler, les hommes ont cherché à explorer les profondeurs des océans. Mais pour passer du rêve à la réalité, l'aventure a été longue et périlleuse !

Le premier sous-marin de l'histoire

Le premier sous-marin a été mis au point en 1624 par l'ingénieur hollandais Cornelis Van Drebbel. Il s'agissait d'un bateau en bois, hermétique, de forme hydrodynamique (qui offre le moins de résistance à l'eau) et propulsé sous l'eau par un équipage de douze rameurs bien musclés ! La première plongée eut lieu en présence du roi James Ier dans la Tamise à Londres sur une distance de 7 km. L'ingénieur hollandais qui n'en était pas à sa première invention – il avait déjà inventé le thermomètre en 1621 – avait même mis au point un système de régénération de l'air.

Le premier sous-marin était né !

Un peu plus tard, en Bretagne

En 1641 à Saint-Malo, en Bretagne, Jean Barrié immerge un vaisseau à rames entièrement métallique, le *XVII*. Conçu pour être manœuvré à l'aide de quatre rameurs, le bateau était doté d'un sas pour permettre aux marins d'effectuer des sorties en mer et d'explorer des épaves.

Le premier sous-marin militaire

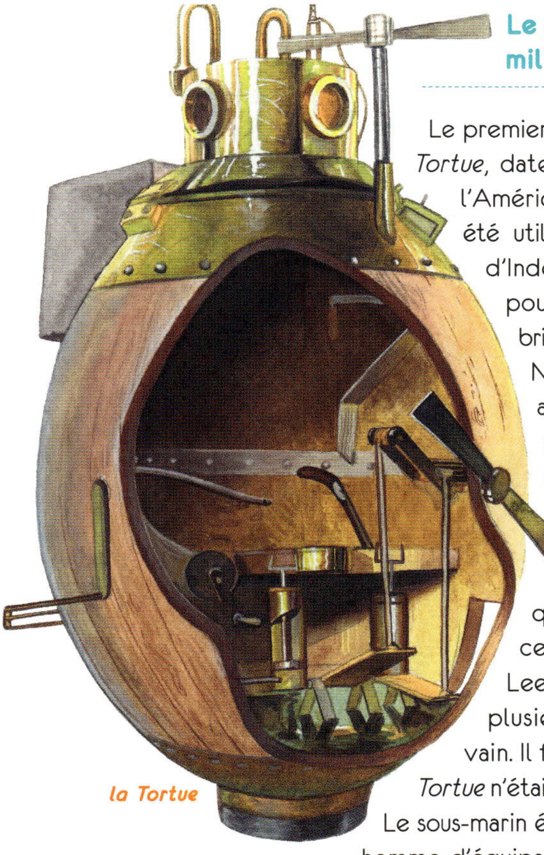

la Tortue

Le premier sous-marin militaire, la *Tortue*, date de 1775. Conçu par l'Américain David Bushnell, il a été utilisé en pleine guerre d'Indépendance américaine pour attaquer les navires britanniques qui assiégeaient New York. La tactique américaine était simple : prendre l'ennemi britannique par surprise en fixant une charge d'explosif sur la coque du navire et fuir avant qu'elle n'explose. C'est ce que tenta le sergent Lee à bord de la *Tortue* à plusieurs reprises mais en vain. Il faut dire que piloter la *Tortue* n'était pas une mince affaire ! Le sous-marin était conçu pour un seul homme d'équipage qui devait à la fois contrôler manuellement la direction de son vaisseau, remplir et vider des réservoirs d'eau pour plonger ou remonter à la surface et manipuler une charge d'explosif très lourde. Un véritable homme-orchestre !

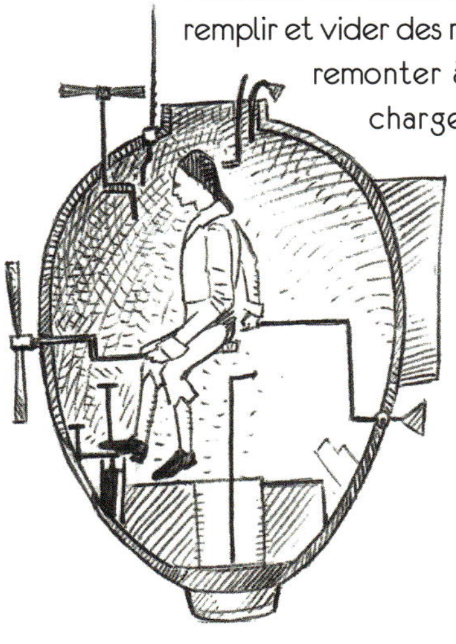

LA PRESSION DE L'EAU

AU COURS DE L'HISTOIRE, LES INVENTEURS ONT DÛ RELEVER DE NOMBREUX DÉFIS TECHNIQUES, - PROBLÈMES D'IMMERSION, D'ÉTANCHÉITÉ, DE RENOUVELLEMENT D'AIR, DE PROPULSION, DE DIRECTION, DE PRESSION, ETC. - QUELQUEFOIS AU PÉRIL DE LEUR VIE. C'EST LE CAS DU MÉCANICIEN ANGLAIS JOHN DAY QUI MOURUT ÉCRASÉ À L'INTÉRIEUR DE SON SOUS-MARIN *LA MARIA* EN 1772 À PLUS DE 30 M DE PROFONDEUR. L'EXPLORATEUR AVAIT MAL APPRÉCIÉ LE PRINCIPE DE PASCAL SELON LEQUEL LA PRESSION DE L'EAU AUGMENTE AVEC LA PROFONDEUR (VOIR P. 30). IL EST LA PREMIÈRE VICTIME DE L'HISTOIRE DES SOUS-MARINS.

ÉNIGME. PARTANT DU PRINCIPE QU'UN BATEAU FLOTTE, COMMENT UN SOUS-MARIN PEUT-IL S'IMMERGER ET REMONTER À LA SURFACE ? C'EST L'ANGLAIS WILLIAM BOURNE QUI TROUVA LA SOLUTION EN 1578 : AUGMENTER LE POIDS DU SOUS-MARIN EN LAISSANT L'EAU ENTRER DANS DES COMPARTIMENTS ÉTANCHES ET, INVERSEMENT, VIDER CES COMPARTIMENTS POUR LUI PERMETTRE DE REMONTER À LA SURFACE. C'EST LE PRINCIPE DES « BALLASTS » ENCORE UTILISÉS AUJOURD'HUI (VOIR P. 31).

LES GRANDS PROGRÈS

Entre les outres en peaux de bêtes et les sous-marins à moteur, certains modèles ont marqué l'histoire navale par leur ingéniosité. Tous n'ont pas navigué mais leurs essais ont été déterminants pour la suite.

SOUS-MARIN OU SUBMERSIBLE ?

UN SOUS-MARIN EST UN NAVIRE POUVANT NAVIGUER SOUS L'EAU DANS TOUTES LES DIRECTIONS. LE TERME « SUBMERSIBLE », QUI SIGNIFIE « CAPABLE DE PLONGER DANS L'EAU », EST EMPLOYÉ EN GÉNÉRAL POUR DÉSIGNER LES PREMIERS SOUS-MARINS DONT LA NAVIGATION SOUS L'EAU ÉTAIT ENCORE DIFFICILE. IL DÉSIGNE ÉGALEMENT LES SOUS-MARINS CONÇUS POUR MIEUX NAVIGUER EN SURFACE QU'EN PLONGÉE.

Nautilus

Un sous-marin à voile

Vingt ans après la *Tortue* de Bushnell, Robert Fulton, un ingénieur américain – inventeur du bateau à roues à aubes – met au point en France un nouveau sous-marin d'attaque, le *Nautilus*.

Cet engin, construit en 1797 entièrement en métal, était propulsé en surface par une voile pliante. Conçu pour fonctionner avec trois hommes d'équipage, il mesurait 6,5 m de long sur 2 m de large. Il était doté d'une pompe à main qui permettait d'aspirer l'eau de mer dans un réservoir et de la chasser, d'une hélice et d'un gouvernail commandés de l'intérieur par des manivelles.

Comme la *Tortue*, le *Nautilus* avait pour vocation d'attaquer le bateau ennemi sous sa coque. Pour ce faire, il disposait d'un treuil et d'une corde placés à l'avant de l'appareil qui permettaient de larguer à distance une charge d'explosif. Bien qu'en guerre contre l'Angleterre et malgré plusieurs immersions réussies au large de Brest et sur la Seine, la Marine française abandonna les essais militaires du *Nautilus* en 1804. Bonaparte avait d'autres plans : déployer ses forces vers l'Est de l'Europe pour contrer une éventuelle menace.

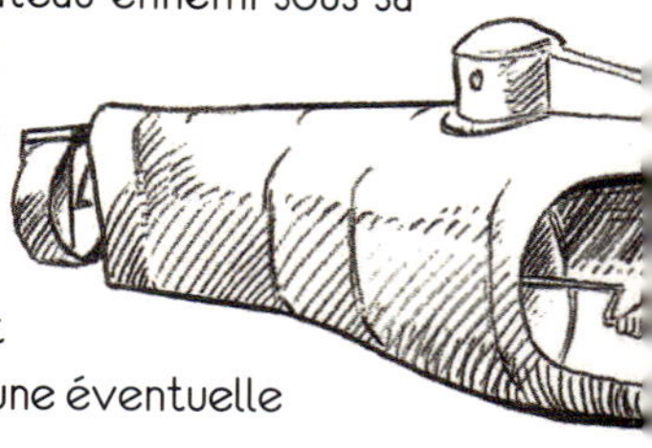

Les sous-marins au cours de la guerre de Sécession

Aux États-Unis, entre 1861 et 1865, la guerre de Sécession fait rage. Le conflit qui oppose les États du Sud et ceux du Nord sera l'occasion de mettre au point de nouveaux bâtiments de guerre, cuirassés et sous-marins, plus opérationnels.

Parmi les inventions ingénieuses de cette période, la *Baleine intelligente* du camp nordiste reste dans les annales. Ce sous-marin secret, de forme ovale et imitant la gueule d'une baleine, était propulsé par six hommes d'équipage contrôlant une hélice par manivelle. Ce sous-marin n'a jamais vraiment navigué, les noyades au cours des essais étant trop nombreuses !

LE *CSS HUNLEY* COULÉ ! LE SOUS-MARIN *CSS HUNLEY* EST LE PREMIER DE L'HISTOIRE NAVALE À AVOIR TORPILLÉ UN NAVIRE DE GUERRE ENNEMI. CONÇU À PARTIR D'UN TUYAU DE CHAUDIÈRE PAR HORACE HUNLEY POUR LUTTER CONTRE LE BLOCUS NORDISTE, L'ENGIN ÉTAIT MUNI D'UNE HAMPE (LONG MANCHE EN BOIS) AU BOUT DE LAQUELLE ÉTAIT PLACÉE UNE CHARGE EXPLOSIVE.

LE 17 FÉVRIER 1864, DANS LE PORT DE CHARLESTON EN CAROLINE-DU-SUD, LE *CSS HUNLEY* PARVINT À COULER LE *USS HOUSATONIC*, UNE FRÉGATE À VAPEUR NORDISTE. AU COURS DE L'ATTAQUE, LE SOUS-MARIN ET SON ÉQUIPAGE - SEPT MARINS DONT SON INVENTEUR - COULÈRENT AUSSI. EN 2000, LE *CSS HUNLEY* A ÉTÉ RENFLOUÉ (REMIS À FLOTS).

CSS Hunley

LES PROPULSIONS

Plongeur

L'ARSENAL DE ROCHEFORT (2) ET LES ESSAIS À LA PALLICE (1)

EN 1666, LOUIS XIV DÉCIDE DE RÉTABLIR LA PUISSANCE MARITIME DE LA FRANCE ET CHOISIT LA VILLE DE ROCHEFORT POUR DEVENIR LE LIEU DE DÉPLOIEMENT DE LA MARINE NATIONALE. C'EST LÀ QUE L'ON CONSTRUIRA LES GRANDS NAVIRES DE GUERRE ET CEUX QUI ÉTAIENT DESTINÉS AU COMMERCE AVEC LA NOUVELLE-FRANCE, LE QUÉBEC ACTUEL.
C'EST LÀ AUSSI QU'AURONT LIEU, DANS DE GRANDS BASSINS, LES PREMIERS ESSAIS DE SOUS-MARINS.

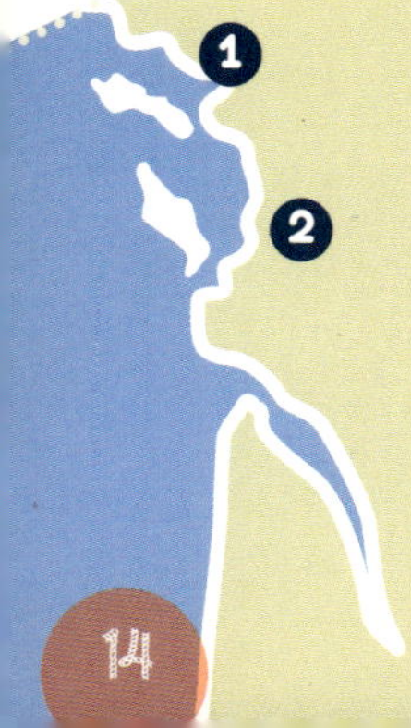

Propulser un sous-marin sous l'eau en pédalant très, très fort... a ses limites ! Grâce au moteur qui fait son entrée dans l'industrie civile, une nouvelle génération de sous-marins voit le jour.

Le moteur à air comprimé

Alors que les Américains sont en pleine bataille navale entre les États du Nord et ceux du Sud, les Européens continuent à inventer et perfectionner les techniques de propulsion de leurs sous-marins. En France, l'ingénieur Charles Brun et le commandant Bourgeois tirent profit du moteur à air comprimé utilisé dans l'industrie ferroviaire et mettent au point en 1863 le *Plongeur*, premier sous-marin à moteur.

Long de 42,50 m, ce sous-marin tire son énergie motrice de la détente de l'air comprimé dans des réservoirs. Il en faudra 43 pour faire fonctionner le moteur ! Un problème d'espace de taille ! Malgré des essais réussis en bassin et en mer, la Marine abandonna le navire. Celui-ci présentait en effet une mauvaise stabilité dans l'eau et avançait par à-coups.

Du ballon dirigeable au sous-marin

Près de vingt ans plus tard, deux Français, Henri Dupuy de Lôme et Gustave Zédé, mettent au point le premier sous-marin à moteur électrique, le *Gymnote*, grâce au moteur déjà opérationnel sur le ballon dirigeable *La France*.

Long de 17 m et propulsé par un moteur de 60 chevaux, le *Gymnote* est considéré comme le premier sous-marin de la flotte française. En

1790, la Marine rapporte qu'il réussit à forcer un blocus et à plonger sous la quille d'un cuirassé sans être repéré.

Autre originalité du sous-marin, le *Gymnote* est doté d'un périscope (voir note) et d'un gyroscope électrique.

Gymnote

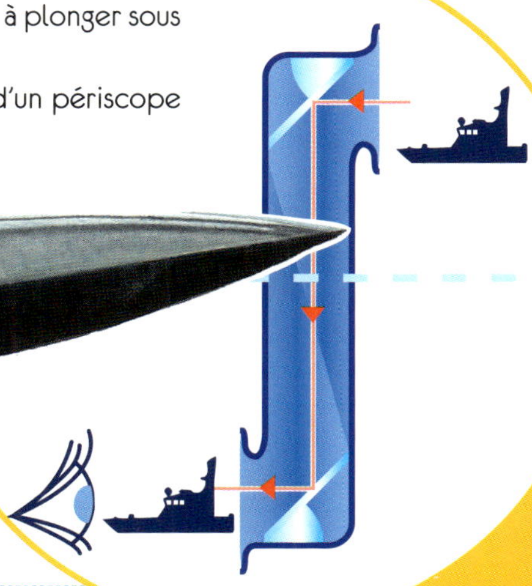

Au tournant du XXe siècle

1900 marque un nouveau virage dans l'histoire technologique des sous-marins. Maxime Laubeuf, ingénieur français, construit le *Narval*, premier sous-marin à moteur mixte. Propulsé en surface par un moteur diesel et en plongée par un moteur électrique, le *Narval* servira de modèle pour tous les sous-marins jusqu'en 1954, date de naissance du premier sous-marin à propulsion nucléaire.

Le succès technologique du *Narval* repose sur la faculté du sous-marin à recharger la batterie d'accumulateurs à l'aide d'une génératrice entraînée par le moteur diesel en surface. Cette batterie, une fois pleine, alimente un moteur électrique fonctionnant en plongée. Les sous-marins, pour la première fois, naviguent alors en complète autonomie.

LE PÉRISCOPE

LE PÉRISCOPE EST UN DISPOSITIF OPTIQUE QUI PERMET DE VOIR AU-DESSUS DE LA SURFACE DE L'EAU TOUT EN RESTANT IMMERGÉ. SA FORME LA PLUS SIMPLE EST UN TUBE QUI COMPREND À CHAQUE EXTRÉMITÉ UN MIROIR PLACÉ À 45°. LES RAYONS LUMINEUX, ENTRANT PAR LE BOUT ÉMERGÉ, SONT RÉFLÉCHIS PAR LES DEUX MIROIRS DE SORTE QUE L'OBSERVATEUR LES REÇOIT À L'AUTRE EXTRÉMITÉ SANS DÉFORMATION. CE DISPOSITIF ESCAMOTABLE EST RANGÉ DANS LE KIOSQUE. IL EST AUJOURD'HUI ÉQUIPÉ D'UNE CAMÉRA VIDÉO HAUTE DÉFINITION ET D'UN TÉLÉMÈTRE, APPAREIL PERMETTANT DE MESURER LES DISTANCES.

Narval

LE TOURNANT

U-Boot à quai

RÉPARTITION DE LA FLOTTE DE SOUS-MARINS EN 1914
1 : France : 89 / 2 : Grande-Bretagne : 87 / 3: États-Unis : 39 / 4 :Allemagne : 36

Au cours de la Première Guerre mondiale (1914-1918), le sous-marin devient une arme maritime d'une efficacité redoutable. Ces guerriers du silence, allemands et alliés, se livrent sous les mers un combat sans merci.

La course à l'armement

En 1914, l'Allemagne ne compte que 36 sous-marins, des U-Boote, de l'allemand « Unterseeboot », inspirés du modèle du *Narval* (voir p. 15). Du côté allié, l'Angleterre, la France et la Russie recensent ensemble 213 sous-marins également de type diesel-électrique. Malgré la supériorité de la flotte alliée, les U-Boote, joyaux de la marine allemande, domineront les mers jusqu'à l'entrée en guerre des États-Unis au cours de l'année 1917. Difficiles à repérer – pas de radar à l'époque – et munis de torpilles, les U-Boote étaient redoutables. Près d'un mois après le début du conflit, le *U-19* coula, à une distance de 500 m, trois navires de guerre anglais. De quoi faire monter la pression entre les deux camps ! Au total, 900 sous-marins auront été construits pendant la guerre, près de la moitié pour l'Allemagne.

La stratégie allemande : à l'attaque !

En 1914, la stratégie de l'Allemagne consiste à maintenir un blocus sous-marin contre l'Angleterre en éliminant tout navire de ravitaillement qui tente d'approvisionner le pays. C'est à cette période que plusieurs paquebots, dont le *Lusitania* en provenance de New York, sont torpillés sans merci. Pour ne pas inciter les États-Unis à riposter, le Kaiser (l'empereur

Guillaume II) impose à sa flotte de suspendre sa stratégie offensive sur le front anglais en septembre 1915. Mais dix mois plus tard, l'offensive des U-Boote reprend, plus vive que jamais, avec pour objectif d'anéantir tout le trafic maritime dans l'Atlantique Nord. La guerre devient totale : les U-Boote coulent en moyenne trois bateaux alliés par jour pendant plusieurs mois.

C'en est trop pour les États-Unis. Le 3 avril 1917, le président américain Wilson déclare la guerre à l'Allemagne. Le 11 novembre 1918, l'Allemagne capitule.

BILAN AU 11 NOVEMBRE 1918, JOUR DE L'ARMISTICE

CAMP ALLEMAND : PERTE DE 5 000 MARINS ET DE 178 U-BOOTE.
CAMP ALLIÉ : PERTE DE 15 000 HOMMES ET DE 6 600 NAVIRES.

Les Alliés contre-attaquent

Pour contrer la toute-puissance des U-Boote, les Alliés mettent au point un arsenal de techniques et de tactiques aussi novatrices qu'efficaces. Les hydrophones, appareils capables de capter le bruit des sous-marins, voient le jour. Ils permettent aux destroyers (navires de guerre) de les repérer et de les attaquer avec des grenades sous-marines. Les Q-ships, navires de guerre alliés camouflés en navires marchands, servent d'appâts pour attirer les U-Boote ; ils sillonnent les mers jusqu'en 1917. Des mines sous-marines sont disposées tout autour des côtes anglaises afin d'éliminer tout navire de surface allemand à proximité du pays. Le long des côtes de France, une chaîne continue de bases destinées à recevoir des hydravions chasseurs de sous-marins est constituée. Enfin, stratégie empruntée à la Royal Navy à l'époque des campagnes napoléoniennes, les navires marchands sont escortés par plusieurs destroyers. La tactique est efficace, les pertes dues aux attaques allemandes sont considérablement réduites.

TORPILLAGE DU *LUSITANIA*

LE 7 MAI 1915, LE PAQUEBOT *LUSITANIA*, EN PROVENANCE DE NEW YORK ET EN PARTANCE POUR LIVERPOOL, EST TORPILLÉ PAR LE *U-20* AU LARGE DES CÔTES IRLANDAISES. CE TRANSATLANTIQUE DE 30 000 T TRANSPORTAIT 1 200 PASSAGERS ET - ON L'APPRENDRA PLUS TARD - DU MATÉRIEL MILITAIRE. LA PLUPART DES PASSAGERS PÉRIRENT DONT 128 AMÉRICAINS. LA NOUVELLE ÉBRANLA LE MONDE ENTIER. À LA DÉCHARGE DE L'ALLEMAGNE, DES DÉPÊCHES AVAIENT PRÉVENU L'ÉQUIPAGE ET LES PASSAGERS DU DANGER POTENTIEL D'UNE ATTAQUE ALLEMANDE.

L'ENTRE-DEUX-GUERRES

M-class

L'Entre-deux-guerres est l'occasion pour chaque pays de reconstituer sa flotte navale. Dès 1930, la course à l'armement recommence. Avec plus de moyens, d'expérience et de détermination.

À la recherche de la performance

En 1918, chaque pays tire les leçons de ses erreurs et déconvenues. Les Français, les Britanniques et les Américains comprennent qu'ils doivent reconstruire une flotte plus performante, dans le respect cependant du traité de Washington qui limitait chaque pays à un certain tonnage. C'est ainsi que le plus grand sous-marin du monde, le *XI*, un sous-marin croiseur britannique dont les canons sur le pont surpassaient la puissance de ceux d'un navire, est abandonné en 1937 au profit de trois plus petits, de type U-Boote. Par ailleurs, certains modèles, très ingénieux sur le plan tactique, ne passeront pas le cap des essais en mer. C'est le cas des sous-marins de type K de la Royal Navy, propulsés à la vapeur, très rapides mais difficiles à manier – ils seront d'ailleurs appelés les Kalamiteux. Les sous-marins de classe M, conçus pour couler des navires à plusieurs kilomètres de distance, sont également abandonnés. L'un d'eux, le *HMS M1*, éperonné par un navire marchand, coule au cours d'un exercice de tir. Dans la course à la performance, les États-Unis et le Japon, motivés par le gigantisme de l'océan Pacifique, mettront l'accent sur la vitesse. Le Japon se targuera dans les années 1940 de posséder avec les KD36 les sous-marins les plus rapides du monde. De son côté, l'URSS n'est pas en reste ; elle prépare la plus grande flotte sous-marine au monde.

Un projet de sous-marin porte-hydravion avorté

L'idée de glisser un hydravion dans un sous-marin a pris forme avec le *HMS M2* de la Royal Navy. Ce sous-marin, doté d'un hydravion camouflé dans un hangar, devait être escorté lors des patrouilles par un ensemble de cuirassés. En 1932, au cours d'un essai au large de l'Angleterre, le sous-marin disparaît au fond de l'eau par suite d'un défaut d'étanchéité...

Le *Surcouf*

Du côté français, le sous-marin le *Surcouf* est la fierté de la Marine nationale. Conçu pour défendre les colonies françaises, le navire est lui aussi doté d'un hydravion démontable stocké dans un hangar - vraiment étanche, cette fois ! -, d'une grue pour le mettre à l'eau, de dix lance-torpilles et d'une tourelle double avec des canons de 203 mm. Un bijou ! Le plus grand croiseur sous-marin de son époque ! En 1934, malgré de nombreux problèmes techniques, le *Surcouf* entre en service. Il s'avèrera fragile et difficile à manœuvrer. Il effectue cependant quelques missions en 1942 et disparaît définitivement au large de Panama la même année.

Au mépris du diktat...

PAR LE TRAITÉ DE VERSAILLES SIGNÉ EN 1919, LES BRITANNIQUES, ÉCHAUDÉS PAR LA DOULOUREUSE EXPÉRIENCE DES U-BOOTE, INTERDISENT À L'ALLEMAGNE DE RECONSTRUIRE UNE FLOTTE DE SOUS-MARINS.

L'ACCORD NE TIENDRA PAS LONGTEMPS. EN 1933, HITLER ARRIVE AU POUVOIR, DÉNONCE LE TRAITÉ DE VERSAILLES ET RELANCE LA COURSE AUX ARMEMENTS. CELLE-CI N'AVAIT EN RÉALITÉ JAMAIS VRAIMENT CESSÉ... LES CONSTRUCTEURS VULKAN ET KRUPP, FINANCÉS PAR LA MARINE ALLEMANDE, CONTINUAIENT EN HOLLANDE À FABRIQUER DES U-BOOTE POUR LE COMPTE DE PAYS ÉTRANGERS.

LES TENTATIVES DES BRITANNIQUES DE LÉGIFÉRER LA CONSTRUCTION ET L'USAGE DES SOUS-MARINS AURONT FINALEMENT ÉCHOUÉ.

le *Surcouf*

La Deuxième Guerre mondiale

ASDIC, premier sonar

L'ASDIC, acronyme pour *Allied Submarine Detection Investigation Commitee*, est la forme archaïque du sonar (voir p. 32).

Le Schnorchel

Le Schnorchel, d'invention allemande, est un dispositif d'aération qui permet aux sous-marins d'alimenter en air le moteur diesel qui peut ainsi continuer à fonctionner à l'immersion périscopique. Il est composé de deux cheminées, l'une sert à aspirer l'air en surface et l'autre à rejeter les gaz d'échappement du moteur diesel. Convaincu du progrès que le Schnorchel représente, l'amiral allemand fait doter tous les nouveaux sous-marins de ce nouveau système.

Deuxième round. Cette fois, c'est la guerre totale. Les grandes nations, mieux préparées et plus équipées qu'en 1914, livrent leur combat sous toutes les mers du globe. Les U-Boote, plus redoutables que jamais, vivent pourtant leur dernier épisode de gloire.

La bataille de l'Atlantique

L'Allemagne a une revanche à prendre. Elle se jouera dans l'Atlantique Nord, là où les U-Boote avaient presque réussi à mettre la Grande-Bretagne K.O. en 1917. La flotte allemande, bien que la plus faible des grands pays en guerre, est très performante grâce à l'excellence des sous-mariniers et aux nouvelles qualités techniques des U-Boote. Au début de la guerre, les U-Boote prennent l'avantage sur les Alliés. Les attaques, telles que celle du cuirassé anglais *Royal Oak* par le *U-30* quelques heures seulement après la déclaration de guerre, se multiplient. Les pertes alliées deviennent vite considérables, 1,4 millions de tonnes coulées entre juin et octobre 1940. La faute en revient au système de détection des alliés, encore très imparfait.

L'union fait la force : la chasse en meutes

Karl Dönitz, amiral allemand responsable de la flotte des U-Boote et de la tactique, développe dès 1940 la stratégie d'attaque en meutes. L'Allemagne, possédant une centaine de U-Boote, peut se le permettre. Les sous-marins allemands se regroupent jusqu'à vingt pour attaquer les convois alliés. C'est efficace, onze navires coulent d'un coup au cours de l'attaque d'un convoi. Parmi eux, sept sont envoyés par le fond par le seul *U-100* ! En 1942, avec l'arrivée du radar et du sonar fonctionnant respectivement sur les avions et les bateaux alliés, le rapport de force s'inverse. Par ailleurs, le minage des accès aux ports abritant des U-Boote sera très efficace. Finalement, la bataille de l'Atlantique sera, comme en 1918, gagnée par les Alliés.

Les chasseurs chassés grâce à Enigma

Le 8 mai 1945, l'amiral allemand donne l'ordre à ses sous-marins de se rendre. Sur les 750 U-Boote déployés en Atlantique, 510 auront disparu, avec 10 000 hommes à bord, soit les trois quarts des sous-mariniers du IIIe Reich. Du côté allié, les pertes seront supérieures. 2 600 navires et 30 000 hommes auront coulé. De l'avis de nombreux historiens, les forces alliées doivent leur victoire en partie à Enigma. Ce système de codage de l'information qu'utilisaient les Allemands pour communiquer, avait été piraté par deux Polonais dès 1928. Grâce à la découverte d'autres machines à coder en 1940, les Alliés ont pu apprendre à décrypter les messages et anticiper la tactique allemande.

La bataille du Pacifique, une autre utilisation des sous-marins

En 1941, les Américains essuient de la part des Japonais un échec cuisant à Pearl Harbor, leur base militaire à Hawaï dans le Pacifique. En riposte à cette offensive, le président Roosevelt déclare une guerre sous-marine à outrance contre le Japon. Les sous-marins américains, les fleet boats, qui jusque-là jouaient un rôle surtout défensif, deviennent des bâtiments d'attaque tous azimuts. En quelques mois, le Japon perdra la moitié de sa marine marchande - 4,9 millions de tonnes - et le tiers de sa flotte - 700 000 t - sous les coups des forces sous-marines américaines. Coupé de ses approvisionnements, le Japon ne parviendra pas à se relever. La guerre du Pacifique est gagnée.

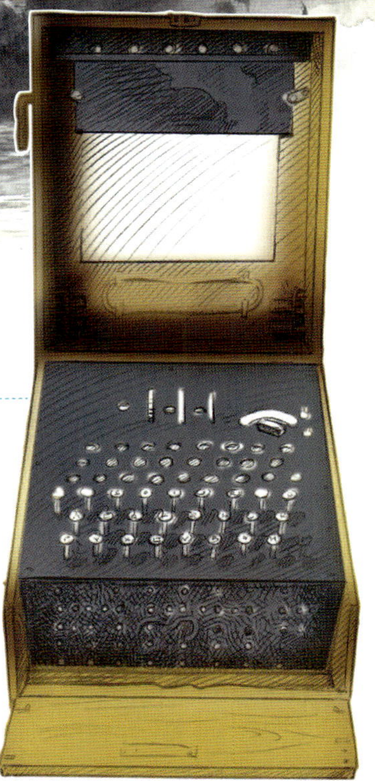

machine Enigma

LA GUERRE FROIDE

VOYAGES SOUS LA BANQUISE

PREMIER SOUS-MARIN PAR EXCELLENCE, LE *NAUTILUS* ENTREPREND LE 23 JUILLET 1958 UN VOYAGE SECRET DE 1 500 KM SOUS LA BANQUISE. LE 3 AOÛT, LE COMMANDANT WILLIAM R. ANDERSON DRESSE SA FICHE DE POSITION « LATITUDE 90°, LONGITUDE 0° ». IL PASSAIT SOUS LE PÔLE NORD ! LES RUSSES FERONT EUX AUSSI LEUR PÉRIPLE SOUS LA CALOTTE GLACIAIRE EN 1962 À BORD DU *K-3*.

Avec l'énergie nucléaire, le sous-marin découvre de nouvelles potentialités : totale autonomie, vitesse considérable et destruction massive. Entre les États-Unis et l'URSS s'engage une course à l'armement sans répit… Je te tiens, tu me tiens par la barbichette…

Nucléaire, en avant, toute !

À la fin de la Deuxième Guerre mondiale, les États-Unis maîtrisent l'énergie nucléaire. Alors que les bombes atomiques explosent sur Hiroshima et Nagasaki au Japon en 1945, le capitaine de vaisseau américain Rickover rejoint le programme de sous-marins nucléaires. Jusqu'à sa retraite en 1982, il aura une influence déterminante sur la conversion de la flotte de sous-marins au tout nucléaire.

L'intérêt du sous-marin nucléaire tient au fait que l'engin produit sa propre énergie qui est transformée en électricité. Le sous-marin n'a donc plus besoin de remonter en surface pour recharger ses batteries comme pour le moteur électrique-diesel. De plus, capable de produire de l'eau douce et de l'oxygène à partir de l'eau de mer, le sous-marin devient totalement autonome.

Les sous-marins d'attaque

Au début de cette période, l'Union Soviétique dispose d'un nombre important de sous-marins diesels et entame un programme de développement de sous-marins à propulsion nucléaire. L'objectif de cette importante flotte est double : détruire les porte-avions américains dans les premières heures d'un conflit et harceler les convois militaires de renforcement en provenance des États-Unis.

De son côté, l'objectif de la flotte sous-marine américaine est de détruire aussi rapidement que possible les sous-marins soviétiques menaçant les porte-avions. Les marines européennes doivent, elles, s'attacher prioritairement à la protection des convois.

Le Général de Gaulle

Une grande bataille technologique commence alors avec, pour l'Occident, la mise en œuvre de moyens d'écoute de plus en plus performants et, de la part des deux camps, une véritable course au silence. Ce combat entre le silence et l'écoute sera globalement gagné par les États-Unis et leurs alliés !

LA MARINE FRANÇAISE

LA MARINE FRANÇAISE LANCERA SON PREMIER SNLE, SOUS-MARIN NUCLÉAIRE LANCEUR D'ENGINS (MISSILES BALISTIQUES À TÊTES NUCLÉAIRES), *LE REDOUTABLE* EN 1967. ELLE POSSÉDERA ENSUITE JUSQU'À SIX SNLE. ELLE LANCERA SON PREMIER SOUS-MARIN NUCLÉAIRE D'ATTAQUE LE *RUBIS* EN 1979. ELLE POSSÉDERA ENSUITE JUSQU'À SIX SOUS-MARINS DE CE TYPE. SA FLOTTE INITIALE DE 21 SOUS-MARINS DIESELS NE SERA PAS REMPLACÉE ET, EN 2001, LA SOUS-MARINADE FRANÇAISE SERA ENTIÈREMENT À PROPULSION NUCLÉAIRE. AU COURS DE CETTE PÉRIODE, COMPTE TENU DE LA MODERNITÉ DE SES MOYENS, ELLE PRENDRA TOUTE SA PLACE AUX CÔTÉS DE SES ALLIÉS.

Les sous-marins stratégiques

Bénéficiant, tout au long de cette période, des progrès de la course au silence et de l'augmentation de la portée de leurs missiles, ces sous-marins préserveront, dans les deux camps, leur invulnérabilité (y compris en étendant leurs zones de patrouille sous la calotte glaciaire du pôle).

LES OREILLES D'OR. POUR DÉTECTER LES SOUS-MARINS ENNEMIS, LES AMÉRICAINS DISPOSENT D'UN SYSTÈME D'ÉCOUTE PASSIVE À BASSE FRÉQUENCE. UN RÉSEAU D'ANTENNES FIXÉES AU FOND DES OCÉANS, LE *SOSUS - SOUND SURVEILLANCE SYSTEM -*, PERMET D'AUSCULTER LES MERS DANS LES DÉTROITS. LA COLLECTE DES SIGNATURES ACOUSTIQUES DES SOUS-MARINS ADVERSES JOUE UN RÔLE MAJEUR ET SON EXPLOITATION PERMET ENSUITE AUX " OREILLES D'OR " QUI " ÉCOUTENT " À BORD DES SOUS-MARINS ET DES FRÉGATES (ELLES AUSSI ÉQUIPÉES D'ÉCOUTES À BASSE FRÉQUENCE), DE LES RECONNAÎTRE AU MILIEU DU BRUIT DE LA MER.

LA PÉRIODE

La fin de la Guerre froide marque un nouveau départ dans l'histoire des sous-marins. Les progrès technologiques et l'émergence de nouvelles forces sous-marines entraînent une complète redistribution des cartes.

LE "CIMETIÈRE" DE MOURMANSK

SÉQUELLE DE LA GUERRE FROIDE ET DU DÉSARMEMENT, LA BASE NAVALE RUSSE DE MOURMANSK EST UN VÉRITABLE CIMETIÈRE DE SOUS-MARINS NUCLÉAIRES. UNE CENTAINE, CONSERVANT À BORD DES PRODUITS NUCLÉAIRES, ATTENDENT ENCORE D'ÊTRE DÉMANTELÉS. ILS CONTIENDRAIENT ENSEMBLE JUSQU'À TRENTE FOIS LA QUANTITÉ DE COMBUSTIBLE DU RÉACTEUR DE LA CENTRALE DE TCHERNOBYL QUI A EXPLOSÉ EN 1986. LES RISQUES DE CONTAMINATION SONT MAJEURS. MALGRÉ TOUS LES EFFORTS DE LA COMMUNAUTÉ INTERNATIONALE, LA SITUATION RESTE TRÈS INQUIÉTANTE.

L'effondrement des forces sous-marines russes suivi d'un renouveau

Pendant la Guerre froide, les pays de l'OTAN et l'URSS mènent une course à l'armement nucléaire sans merci. L'URSS en sort anéantie. En 1989, le mur de Berlin tombe, c'est la chute de l'URSS.

Comme tous les corps d'armée de l'ex-URSS, la marine russe connaît après 1991 une longue période de vaches maigres. La flotte sous-marine subit, elle aussi, de nombreux désarmements mais, orgueil de la nation, elle profite d'une relative priorité qui lui permet d'éviter le pire.

Aujourd'hui, la Russie envisage de moderniser sa flotte sous-marine de SNLE et de SNA et lance d'ambitieux programmes.

La revanche des sous-marins diesels

Après l'ère du tout nucléaire, les industriels se tournent vers la conception de nouveaux sous-marins diesels plus performants. Ces derniers bénéficient désormais d'une excellente autonomie en plongée – deux ou trois semaines pour certains –, d'une vitesse très satisfaisante – 12 nœuds en surface et 20 en plongée –, d'une excellente discrétion acoustique et d'un armement sophistiqué. Beaucoup d'avantages ! À partir de 1990, les pays émergents commencent à s'équiper de sous-marins conventionnels. Une manne pour les constructeurs, dont la France !

Les marines nucléaires émergentes

Même si les sous-marins conventionnels sont d'un excellent rapport qualité/prix, les sous-marins nucléaires gardent une longueur d'avance en matière d'autonomie et de vitesse. C'est ce qui motive certaines

POST-GUERRE FROIDE

marines émergentes dont l'Inde et le Brésil à entrer dans le club fermé des flottes sous-marines nucléaires. L'Inde cherche ainsi à se positionner dans la zone du Moyen-Orient très convoitée pour son pétrole et le Brésil souhaite assurer une protection sérieuse et efficace de l'Amérique du Sud. Encore à l'état de projet, ces flottes sous-marines nucléaires seront pleinement opérationnelles dans quelques dizaines d'années.

Retour à la lutte anti-sous-marine

ÉQUIPÉS DE MISSILES DE CROISIÈRE, MISSILES BALISTIQUES ET TORPILLES, LES SOUS-MARINS RESTENT UN MOYEN D'ACTION TRÈS PUISSANT. ILS REPRÉSENTENT UNE MENACE D'AUTANT PLUS GRANDE QU'UN NOMBRE CROISSANT DE PAYS EN SONT ÉQUIPÉS. EN CONSÉQUENCE, LA LUTTE ANTI-SOUS-MARINE REDEVIENT UNE PRIORITÉ INCONTOURNABLE POUR TOUTES LES MARINES DU MONDE.

Les missiles de croisière de nouvelle génération

Dans les années 1990 éclatent de nouveaux conflits en Europe centrale et au Moyen-Orient. La présence de sous-marins le long des côtes devient alors stratégique. Leur tactique est nouvelle : frapper des cibles terrestres depuis le fond des mers.

Pour ce faire, les SNA utilisent des missiles de croisière d'une portée extraordinaire. Les Tomahawks, des missiles américains à têtes nucléaires ou conventionnelles volant à une vitesse proche de celle du son, atteignent des cibles à 2500 km de distance.

Du côté français, les missiles Scalp-Naval, le fleuron de la marine française, volent à 1000 km/h et ont une portée de plus de 1000 km. Ils équipent certains bâtiments de surface et feront partie de l'armement des futurs SNA français.

Tir d'un missile Tomahawk depuis un sous-marin immergé

Chapitre 2
Un défi

TECHNOLOGIQUE
ET HUMAIN

UN SOUS-MARIN FRANÇAIS

CLASSE ET IDENTIFICATION

UNE CLASSE DE SOUS-MARINS DÉSIGNE UNE SÉRIE DE SOUS-MARINS CONSTRUITS SUR UN MÊME MODÈLE. PAR EXEMPLE, LES SOUS-MARINS DE CLASSE SCORPÈNE DÉSIGNENT UN CERTAIN TYPE DE SOUS-MARIN DIESEL D'ATTAQUE FRANÇAIS. POUR IDENTIFIER CHAQUE SOUS-MARIN, ON UTILISE DES CODES DÉFINIS PENDANT LA DEUXIÈME GUERRE MONDIALE PAR L'OTAN ET INSPIRÉS DE LA TRADITION BRITANNIQUE. CEUX-CI COMPRENNENT UNE LETTRE DE L'ALPHABET DÉSIGNANT LEUR CLASSE, SUIVIE D'UN NUMÉRO DE SÉRIE. PAR EXEMPLE, LE *U-39* DÉSIGNE LE SOUS-MARIN ALLEMAND N° 39, LE *K-129* DÉSIGNE LE SOUS-MARIN SOVIÉTIQUE N° 129.

Voici l'intérieur d'un sous-marin français diesel d'attaque de classe Scorpène. Silencieux, complètement automatisé et de haute sécurité, il fait partie des classiques reconnus sur le marché actuel international.

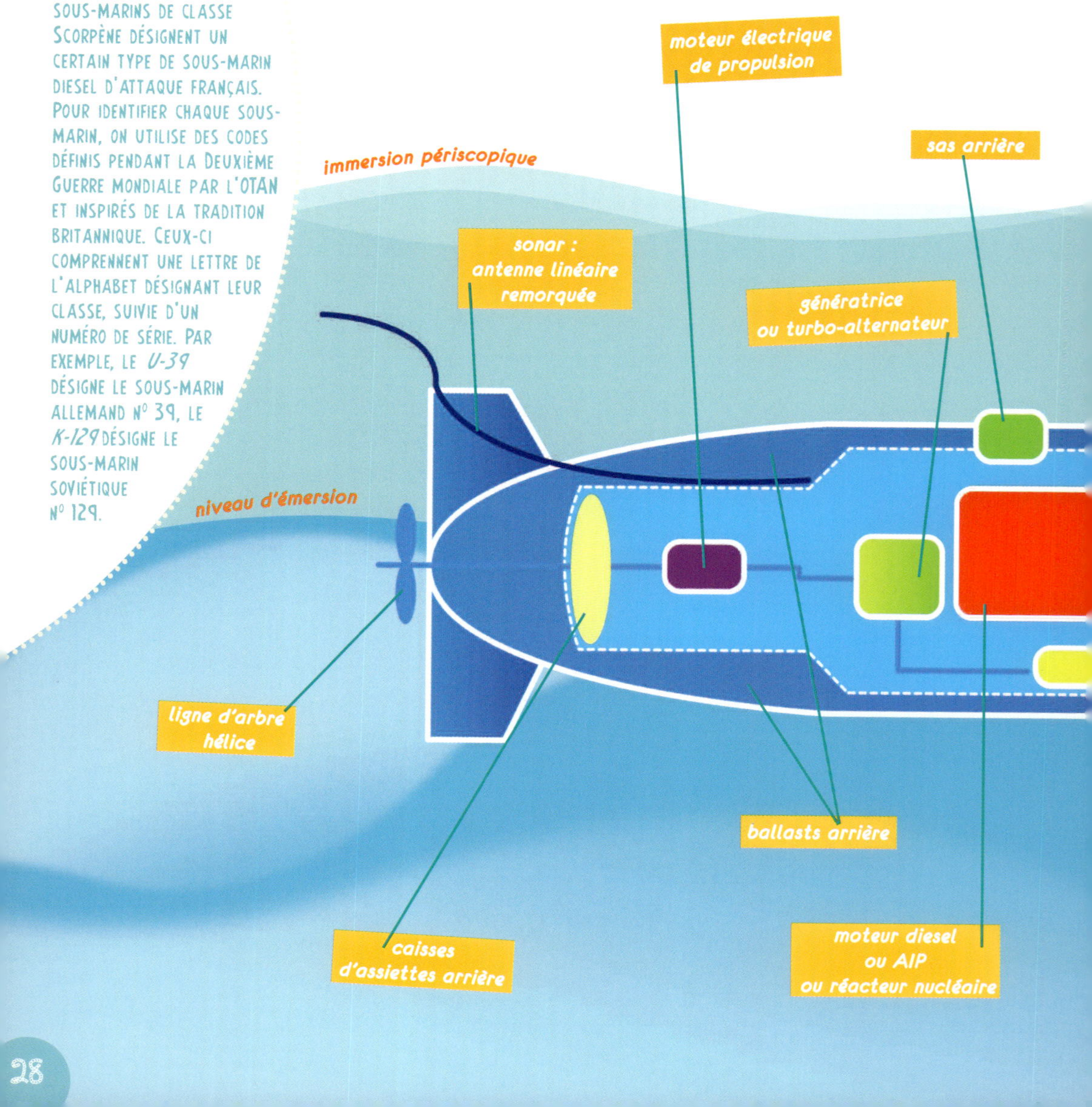

DIESEL D'ATTAQUE

Le sous-marin Scorpène est un sous-marin français diesel d'attaque – doté de 18 torpilles/missiles – pouvant naviguer à environ 350 m pendant 40 jours. D'une longueur de 66,40 m pour une largeur de 6,20 m, il est propulsé grâce à quatre moteurs diesels et navigue avec un équipage d'une trentaine d'hommes. Il pèse environ 1500 t en surface et 1700 t en plongée. Sa vitesse est de 20 nœuds en plongée soit 37 km/h.

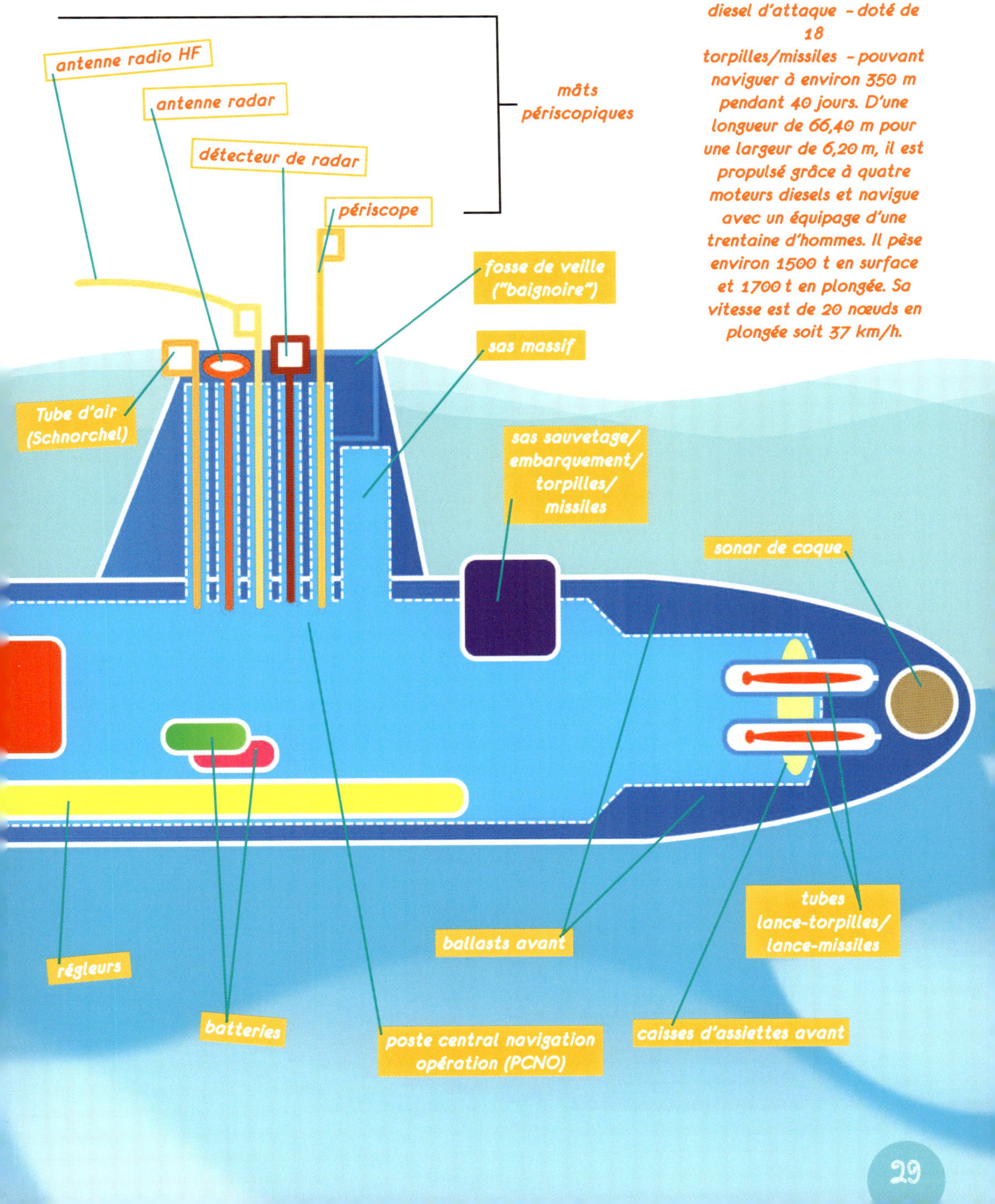

Construire un sous-marin ?

Pour fonctionner, un sous-marin fait appel à trois principes de construction. Tout, de l'architecture à l'équipement, est adapté aux contraintes du monde aquatique.

Une forme hydrodynamique

La forme d'un sous-marin n'est pas le fruit du hasard ! De même qu'une voiture de course est dessinée pour offrir le moins de résistance possible à l'air, un sous-marin a une forme longiligne et fuselée dans le but de présenter le moins de frottements possibles avec l'eau. Ainsi l'énergie dépensée pour atteindre une grande vitesse est moindre. La forme optimale de la coque externe est celle d'un cigare.

Résister à la pression de l'eau

Selon le principe de Pascal, la pression de l'eau augmente avec la profondeur. C'est cette pression que l'on ressent dans les oreilles en plongeant au fond d'une piscine ou en mer. Depuis le *Narval* conçu par l'ingénieur français Maxime Laubeuf en 1899, les sous-marins disposent de deux coques : l'une interne, cylindrique et épaisse destinée à résister à la pression de l'eau en profondeur (1), et l'autre externe, mince et hydrodynamique, conçue pour atteindre des vitesses maximales (2). Il faut environ 1 cm d'épaisseur de coque pour résister à une pression d'une tranche de 100 m de profondeur.

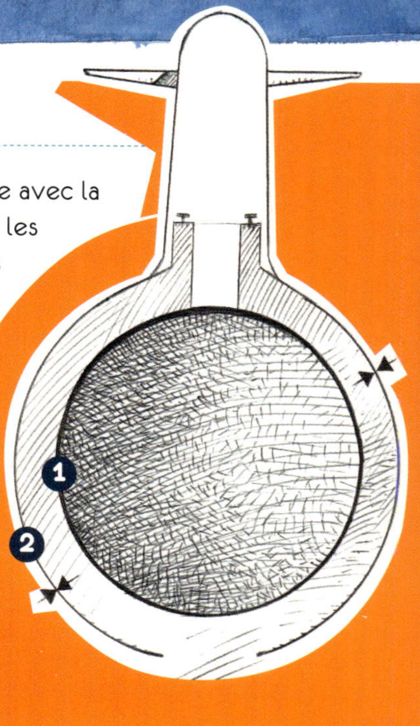

PAS SI FACILE !

Plonger… mais pas couler !

Selon la poussée d'Archimède, un objet flotte si son poids total est égal au poids en eau de son volume immergé. Pour plonger et maintenir l'équilibre, le sous-marin doit donc augmenter son poids total. Pour ce faire, il dispose de réservoirs – les ballasts – qui peuvent être complètement remplis ou vidés d'eau de mer selon la manœuvre souhaitée. En surface, les réservoirs sont remplis d'air, le sous-marin flotte. Pour plonger, le sous-marin accroît son poids en remplissant les ballasts d'eau. L'air contenu dans les ballasts s'évacue alors par des vannes situées sur la partie supérieure (purgos). Pour remonter à la surface, le sous-marin allège son poids en vidant ses ballasts d'eau à l'aide d'air comprimé. L'eau est chassée des ballasts par des vannes situées sur la partie inférieure.

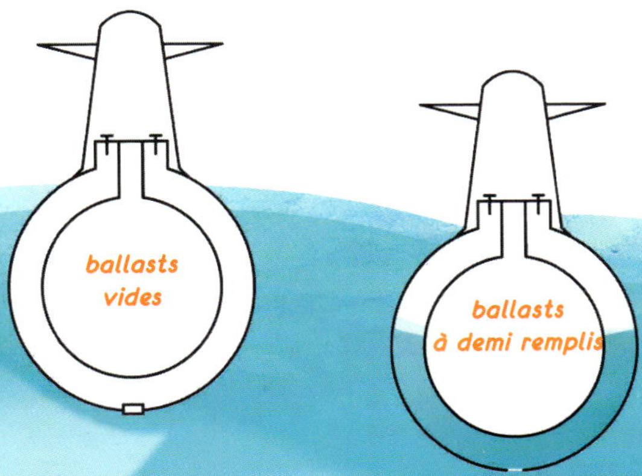

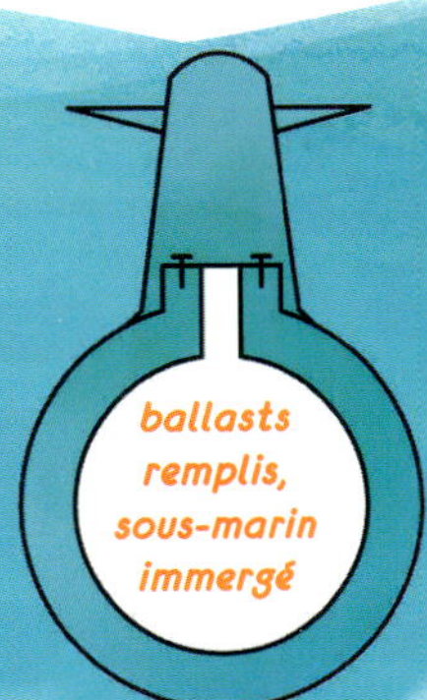

Les étapes de l'immersion

Pour améliorer son équilibre (la pesée), des caisses de réglage sont situées au centre du sous-marin. En les remplissant ou les vidant plus ou moins d'eau, les sous-mariniers en charge du pilotage affinent l'état de stabilité du bâtiment. En plus de la pesée, le sous-marin doit veiller à ne basculer ni en avant, ni en arrière, ni de côté. Pour ce faire, l'inclinaison du sous-marin par rapport au plan horizontal (l'assiette) et l'inclinaison par rapport à un axe vertical (la gîte) doivent être nulles.

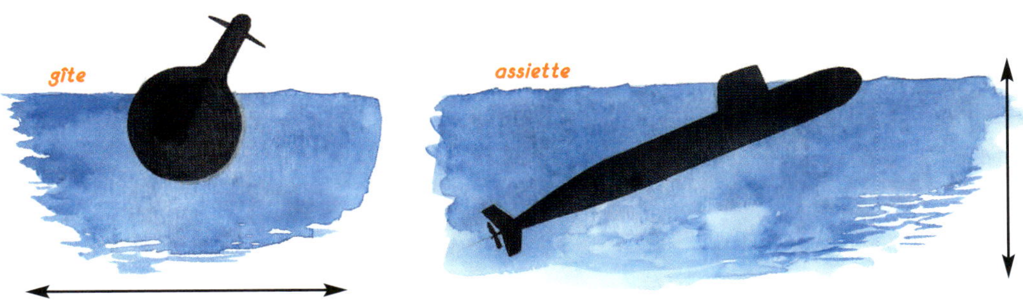

COMMENT ÇA MARCHE ?

homme d'équipage observant au périscope

Le fonctionnement d'un sous-marin militaire est orienté vers un seul objectif, naviguer sans être repéré pour attaquer par surprise. Digne d'un grand prédateur des mers !

Les systèmes de détection : radar, sonar, périscope

Sans périscope, radar, ni sonar, le sous-marin serait incapable de repérer d'éventuels obstacles tels que des navires de surface, des sous-marins, des avions ennemis, des icebergs, etc. Le périscope permet de scruter l'horizon à la surface de l'eau *(voir p. 15)*. Le radar quant à lui permet de détecter la présence d'un navire de surface ou d'un avion, de calculer sa vitesse et sa distance par rapport au sous-marin. Cependant, au-delà d'environ 18 m de profondeur, le périscope et le radar ne servent plus à rien. Le sonar prend alors le relais.

FONCTIONNEMENT D'UN SONAR

LE SONAR EST UN APPAREIL QUI PERMET, GRÂCE À DES HYDROPHONES PLACÉS SUR LA COQUE, DE DÉTECTER ET LOCALISER DES OBJETS SOUS-MARINS, POISSONS, MINES, SOUS-MARINS, ETC. LE SONAR ÉMET DES ONDES SONORES QUI SE PROPAGENT DANS L'EAU. LORSQUE CELLES-CI RENCONTRENT UN OBSTACLE, ELLES CRÉENT UN ÉCHO QUI SE PROPAGE À SON TOUR JUSQU'AU SONAR. LE TEMPS ÉCOULÉ ENTRE LES IMPULSIONS SONORES DÉTERMINE LA DISTANCE DU SOUS-MARIN À L'OBSTACLE. PLUS LE TEMPS DE RÉPONSE DE L'ÉCHO EST COURT, PLUS L'OBJET EST PROCHE.

La propulsion : diesel-électrique ou nucléaire ?

Les sous-marins à propulsion diesel-électrique sont en général de petite taille, entre 500 et 3000 t. Ils peuvent atteindre plus de 300 m d'immersion. En surface ou en immersion périscopique, ils fonctionnent au moteur diesel. Le Schnorchel est alors émergé. En plongée, le moteur diesel privé d'air ne fonctionne plus, le moteur électrique prend le relais. L'inconvénient de ce type de sous-marin est sa dépendance vis-à-vis des batteries électriques. Elles doivent être rechargées régulièrement, ce qui oblige le bâtiment à faire

surface tous les deux ou trois jours.

Les sous-marins nucléaires sont des bâtiments de plus grand tonnage. Celui-ci varie de 2670 t pour un sous-marin d'attaque français comme le *Rubis* jusqu'à 20 000 t en plongée pour un sous-marin lanceur d'engins russe. Ils peuvent atteindre 600 m d'immersion. L'avantage considérable de ce type de propulsion est son autonomie, de l'ordre de 500 000 km - soit environ dix fois le tour de la terre - pour une quantité d'uranium grosse comme une balle de golf !

DURÉE ET PROFONDEUR DE PLONGÉE

LES SOUS-MARINS À PROPULSION DIESEL-ÉLECTRIQUE ATTEIGNENT AUJOURD'HUI UNE IMMERSION MAXIMALE DE 400 M, ALORS QUE CEUX DE LA DEUXIÈME GUERRE MONDIALE NE POUVAIENT PLONGER QU'À ENVIRON 100 M. ILS DOIVENT CEPENDANT VENIR À L'IMMERSION PÉRISCOPIQUE TOUS LES DEUX OU TROIS JOURS POUR RECHARGER LEURS BATTERIES (ET RENOUVELER L'AIR). LES SOUS-MARINS NUCLÉAIRES NAVIGUENT PAR CONTRE PLUS PROFONDÉMENT. LEUR SEULE LIMITE EST LA QUANTITÉ DE VIVRES À EMBARQUER.

Diriger le sous-marin : gouvernails et barres de plongée

À l'instar d'un navire de surface, le sous-marin dispose de gouvernails situés à l'arrière pour se diriger sur le plan horizontal, c'est-à-dire à bâbord et à tribord. Mais le sous-marin navigue en 3D ! Pour ce faire, il utilise des barres de plongée, deux à l'avant et deux à l'arrière, qui orientent sa plongée. Lorsque les barres avant sont dirigées vers le bas, et les barres arrière vers le haut, le sous-marin pique du nez. Inversement si les barres avant sont orientées vers le haut et les barres arrière vers le bas, le sous-marin remonte vers la surface.

Poste de pilotage

LES PLUS DES SOUS-MARINS MILITAIRES. LA PLUPART DES SOUS-MARINS SONT DES NAVIRES DE GUERRE. CONÇUS POUR ATTAQUER, RIPOSTER, SILLONNER LE FOND DES MERS DANS LE PLUS GRAND SECRET, ILS SONT CAPABLES D'ATTEINDRE DES VITESSES RECORD EN SURFACE ET EN PLONGÉE. LES PLUS RAPIDES - DES SOUS-MARINS RUSSES DE TYPE ALPHA - ATTEIGNENT 42 NŒUDS SOIT PRÈS DE 78 KM/H EN PLONGÉE. LA CAPACITÉ D'IMMERSION DES SOUS-MARINS MILITAIRES VARIE DE 200 À 600 M.

ARMEMENT D'UN SOUS-MARIN MILITAIRE

Avec ses torpilles et ses différents missiles, le sous-marin est l'engin de guerre le plus dangereux de tout l'arsenal militaire. De quoi faire frémir...

Les torpilles

Les torpilles sont des armes sous-marines destinées à détruire les navires de surface et les sous-marins. Elles sont lancées en plongée à partir de tubes horizontaux placés à l'avant et à l'arrière du bâtiment et propulsées par un moteur et deux hélices.

D'une longueur variant de 6 à 10 m, les torpilles contiennent plusieurs centaines de kilos d'explosifs placés à l'extrémité avant qui explosent soit au moment de l'impact soit à proximité de la cible. Elles ont une portée de 20 à 50 km et, grâce à leur système de guidage très sophistiqué, elles font mouche quasiment à coup sûr ! Leur guidage final peut cependant être perturbé par des brouilleurs portés par les navires. Tous les constructeurs s'emploient à développer des torpilles très rapides, cet effort étant cependant limité par la capacité des autodirecteurs à supporter le brouillage provoqué par l'écoulement des filets d'eau.

Les missiles stratégiques balistiques

Les missiles stratégiques sont les armes potentiellement les plus destructices de l'arsenal de guerre. Ces armes, destinées à détruire des cibles terrestres, participent à la dissuasion nucléaire.

Hautes d'une dizaine de mètres, elles ont une portée pouvant atteindre 8000 km . Comme les fusées, ces missiles comportent deux ou trois étages qui sont mis à feu au fur et à mesure du tir.

Propulsés par gaz comprimé à la verticale depuis le sous-marin immergé, ces missiles balistiques quittent l'atmosphère terrestre. Au moment de leur retour dans l'atmosphère, ils larguent leurs têtes nucléaires qui se dispersent dans des directions différentes. Une seule tête peut détruire une grande agglomération.

missile sub-Harpoon

Les missiles de croisière

Les missiles de croisière, plus petits que les précédents, sont lancés à partir d'un tube lance-torpille placé à l'avant du sous-marin et sont propulsés par un réacteur comme les avions. Ces missiles volent en rase-mottes à très basse altitude et à des vitesses très élevées pour éviter d'être repérés par les radars ennemis. Ils ont une portée de plusieurs milliers de kilomètres. Une fois lancés, les missiles de croisière – portant une charge explosive non nucléaire le plus souvent – naviguent selon un itinéraire préprogrammé et vérifié en vol. Ils disposent en fin de parcours d'un guidage par autodirecteur et sont d'une précision métrique. À tous les coups dans le mille !

Les missiles anti-navires

Les missiles anti-navires sont des minifusées conçues pour attaquer des navires de surface. Il en existe plusieurs versions lancées depuis un navire, un avion ou un sous-marin. Leur charge explosive varie de 150 kg à 1 t et leur portée peut atteindre les 200 km.

Dotés d'un système de guidage comprenant un radar, ces missiles volent à quelques mètres au-dessus de la surface de l'eau, ce qui rend leur détection très difficile.

Les mines

Les mines sont une grande menace pour les bâtiments de surface et les sous-marins ; elles peuvent être posées sur le fond marin, enfouies dans le sable ou flotter dans l'eau retenues par un câble lié au sol. Elles se déclenchent automatiquement à l'approche d'une cible et peuvent être mouillées de façon très discrète par un sous-marin.

LES ENNEMIS DES SOUS-MARINS

Seul au fond des mers, le sous-marin n'est pas seulement un prédateur, il est aussi une proie vulnérable. Les moyens de le traquer et l'attaquer ne manquent pas.

hélicoptère plongeant son sonar dans l'eau

Première phase : repérer un sous-marin

Il existe seulement deux moyens de détecter un sous-marin, le radar et le sonar. Le radar ne détecte que les sous-marins en surface ou en immersion périscopique. Le sonar, en mode actif, émet des sons et réceptionne leur écho. En mode passif, il capte seulement les bruits de la mer. Pour échapper à ces moyens de détection, les sous-marins sont devenus de plus en plus silencieux ; ils sont par exemple recouverts de revêtements destinés à absorber les ondes émises par les sonars au lieu de les renvoyer.

Deuxième phase : attaquer

Une fois repéré, un sous-marin est en situation vulnérable, il peut alors être attaqué à la torpille. La vitesse de la torpille étant nécessairement limitée, sa cible peut manœuvrer pour l'éviter. Outre les progrès réalisés dans la vitesse des torpilles, les ingénieurs ont maintenant développé des missiles porteurs qui, en fin de parcours, larguent la torpille freinée par un parachute à l'approche de son but. À grande distance, seuls l'hélicoptère ou l'avion porteurs de torpilles restent efficaces.

La flotte anti-sous-marine

Les armes anti-sous-marines sont tirées soit de bâtiments de surface, de sous-marins ou d'aéronefs, c'est-à-dire avions et hélicoptères.

En France, la frégate *De Grasse* est un navire de guerre dédié à la lutte anti-sous-marine. Elle transporte, outre des torpilles et des missiles, des hélicoptères - des Lynx - munis eux aussi de torpilles et de sonars. En immergeant leur sonar suspendu à un treuil, ces hélicoptères, par groupes de deux ou trois, peuvent pister un sous-marin.

Ensemble, avions de patrouille, navires et hélicoptères représentent une grande menace pour les sous-marins. Pour autant, la plus grande de toutes provient d'un autre sous-marin.

frégate anti-sous-marine

EN CAS D'INCENDIE. Un incendie est un des pires dangers qui peut venir de l'intérieur du sous-marin lui-même. Le feu se propage rapidement dans un endroit exigu et les marins peuvent difficilement s'extraire du bâtiment.

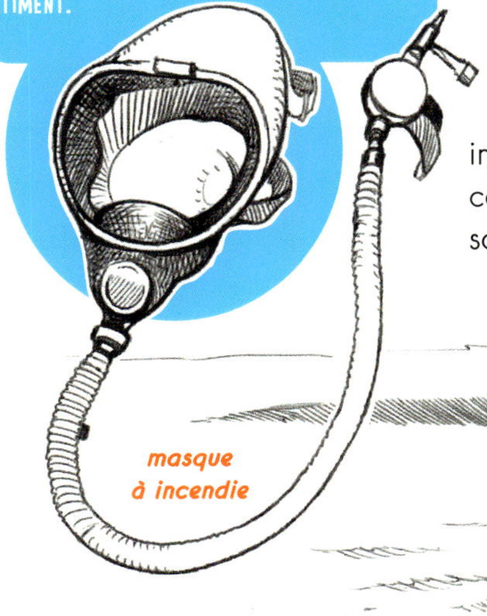

masque à incendie

En cas de naufrage

En cas de grave problème, l'équipage peut se retrancher dans les « zones refuges » du sous-marin, et survivre pendant huit jours en attendant les secours. L'équipage aura alors pris soin de larguer une bouée et une balise qui permettront aux secours de localiser le vaisseau. L'évacuation du personnel s'effectue soit de manière individuelle par un sas de sauvetage soit de manière collective par une cloche de sauvetage ou par un mini sous-marin. Les *DSRV - Deep Sea Rescue Vehicles* - sont des sous-marins de sauvetage construits par les marines occidentales et transportables par avion ou sous-marin.

sas arrière permettant d'évacuer 10 à 24 personnes à la fois

COMMENT DEVENIR SOUS-MARINIER ?

TOUT D'ABORD, IL FAUT INTÉGRER LA MARINE NATIONALE ET ENSUITE SUIVRE UNE FORMATION SELON LE GRADE ET LA SPÉCIALITÉ VISÉS. IL FAUT ÉGALEMENT SE PRÊTER À DES TESTS PHYSIQUES ET PSYCHOLOGIQUES. LES PLUS APTES ET MOTIVÉS EMBARQUENT !

LES SOUS-MARINIERS

Être sous-marinier est avant tout un choix et une passion. Mais n'embarque pas qui veut ! Pour faire partie de ce corps d'élite, il faut posséder de grandes qualités physiques, intellectuelles et psychologiques car la vie en sous-marin est exigeante !

Des sous-mariniers, des sous-marinières ?

Pendant longtemps, le métier de sous-marinier était réservé aux hommes. Il commence cependant à s'ouvrir aux femmes. Le Canada a été le premier pays à permettre à la gente féminine de suivre la formation d'officier sous-marinier en 1995. Plus de dix ans plus tard, seuls le Canada, l'Australie, la Norvège, l'Espagne et la Suède acceptent les femmes dans leur sous-marinade. En France, malgré le nombre croissant de femmes dans la Marine, le métier de sous-marinier leur est encore interdit pour des raisons de non-conformité des sous-marins aux règles de cohabitation régies par la Marine nationale.

Tous pour un, un pour tous

L'effectif des sous-marins nucléaires varie d'un bâtiment à un autre. Ils étaient 135 sous-mariniers - dont 15 officiers - à bord du *Redoutable*, sous-marin aujourd'hui à la retraite à la Cité de la mer à Cherbourg. Ils ne sont que 111 à bord du nouveau sous-marin français *Le Terrible*, le dernier né de la famille des sous-marins nucléaires lanceurs d'engins. Un équipage se compose, outre son commandant, d'officiers, de sous-officiers et de matelots dans une proportion voisine de 10 %, 80 % et 10 %. Chaque membre de l'équipage, quel que soit son grade, possède un sens aigu des responsabilités et de la solidarité. La sécurité de tous en dépend.

TRADITION

EN PATROUILLE, LA VIE EST AUSSI FESTIVE ! AINSI, IL EST DE TRADITION DE CÉLÉBRER LE BAPTÊME DE MER D'UN JEUNE SOUS-MARINIER QUI PASSE POUR LA PREMIÈRE FOIS LA BARRE DES 300 MÈTRES DE PROFONDEUR. IL DEVRA ALORS SE PLIER AUX COUTUMES ET ACCEPTER D'AVALER - OUTRE UN VERRE D'EAU DE MER - DES BOISSONS BIZARROÏDES... AUTRE TRADITION, « LA CABANE ». IL S'AGIT D'UN GRAND REPAS QUI RÉUNIT TOUT L'ÉQUIPAGE POUR CÉLÉBRER LA MI-PATROUILLE.

Une journée à bord

Ni jour ni nuit au fond des océans ! Seuls les repas, les activités et les éclairages – blanc le jour, rouge la nuit – rythment le temps. Lors des patrouilles, l'état d'alerte est permanent. L'équipage est alors divisé en équipes qui travaillent par quarts, c'est-à-dire qui alternent périodes de travail, de loisirs et de sommeil.

Outre la conduite d'opérations réelles, les exercices de tirs, de simulations d'incendies, d'attaques fictives sont quotidiens. En dehors des activités de quart, les sous-mariniers s'affairent à maintenir les équipements en bon état de fonctionnement.

Départ en patrouille

Les patrouilles

En 2008, la France dispose de 4 sous-marins nucléaires lanceurs d'engins, dont 3 sont prêts à intervenir. Leur mission est d'assurer une présence en mer pour dissuader tout conflit éventuel. Depuis la fin de la Guerre froide, un à deux sous-marins français sont à la mer. Un troisième se tient prêt avec un faible délai.

La durée d'une patrouille est d'environ 10 semaines. Au cours de cette période, le sous-marin, invisible et indétectable, navigue en immersion profonde et se tient prêt à frapper du fond des océans sur ordre du président de la République. Au terme de sa mission, il rentre à sa base à Brest et subit une maintenance technique pendant 5 à 6 semaines. Un autre sous-marin nucléaire part en patrouille.

LA VIE À BORD

LES FAMILI-GRAMMES

GRÂCE AUX NOUVELLES TECHNOLOGIES, L'ACCÈS À INTERNET POUR COMMUNIQUER AVEC SA FAMILLE EST POSSIBLE MAIS LIMITÉ À UNE FOIS PAR SEMAINE. PAS QUESTION D'ÉCRIRE UN ROMAN, LE SOUS-MARINIER A DROIT À UNE VINGTAINE DE MOTS, SANS PIÈCE JOINTE ! SES COURRIELS RESSEMBLENT ALORS À DES MESSAGES CODÉS, PAS UN MOT À PERDRE !

Vivre à bord d'un sous-marin pendant plusieurs semaines dans une grande promiscuité et loin du monde semble insoutenable. Pourtant, on y vit aujourd'hui presque comme sur la terre ferme.

De l'eau et de l'air !

Dans les sous-marins nucléaires, l'eau et l'air, fabriqués à partir de l'eau de mer, ne manquent pas. Les sous-mariniers peuvent alors se laver et se raser régulièrement. La lessive est également possible. Un grand confort en comparaison des sous-marins de la Deuxième Guerre mondiale où l'eau était rationnée à un litre par jour et par personne !

À cette époque, les maladies de peau n'étaient pas rares ! De plus, avec les odeurs de diesel, de sueur et de machines, l'air était vite irrespirable. Heureusement, les remontées en surface la nuit pour recharger les batteries électriques étaient l'occasion de prendre une bonne bouffée d'air frais !

1

La tenue vestimentaire

Aujourd'hui, les sous-mariniers des sous-marins nucléaires portent une combinaison ignifugée (1). Pendant les patrouilles, les galons et l'uniforme restent au placard sauf pour les occasions exceptionnelles.

Une, deux, une, deux !

L'exercice physique a toujours fait partie des activités des sous-mariniers. Auparavant, les exercices d'entraînement avaient lieu sur le pont. Pas très discret en temps de guerre ! Aujourd'hui, les sous-marins sont équipés d'appareils de musculation et de tapis de course (2).

2

À table !

Comme dit l'adage populaire, ventre affamé n'a pas d'oreille ! Pour garder un bon moral et travailler dans une atmosphère conviviale, les sous-mariniers doivent

3

bien manger. Aujourd'hui, la Marine emploie de vrais chefs cuisiniers, dont un chef boulanger-pâtissier (3). Les repas sont les mêmes pour tous. Officiers et matelots mangent séparément sauf à de grandes occasions, par exemple le jour de Noël (4) et (5) !

4

Autrefois, le cuisinier était un matelot comme les autres. Il cuisinait dans un tout petit espace et n'avait à sa disposition quasiment que des boîtes de conserve. Fumer des cigarettes et boire une bonne lampée d'alcool aidait à supporter le dur quotidien. Aujourd'hui, fumer reste possible mais seulement en surface. Quant à l'alcool, il est interdit d'en apporter à bord.

Un peu de répit !

5

La cafétéria est le lieu de rencontres où se retrouvent les sous-mariniers pour les repas, les loisirs et les cours de formation continue. Jeux de cartes, d'échecs, télévision, films, jeux d'ordinateur et bibliothèque sont à disposition. Autrefois, les sous-mariniers des U-Boote improvisaient des parties de cartes et de dés dans le couloir central entre torpilles et couchettes !

Au lit !

Sur les sous-marins nucléaires d'attaque, seul le commandant a sa cabine particulière. Les autres sous-mariniers disposent chacun d'une couchette superposée, avec rideau et éclairage individuel (6). C'est leur seul espace personnel. Un luxe comparé aux anciens sous-marins où une couchette - appelée la bannette chaude - servait à plusieurs sous-mariniers à tour de rôle !

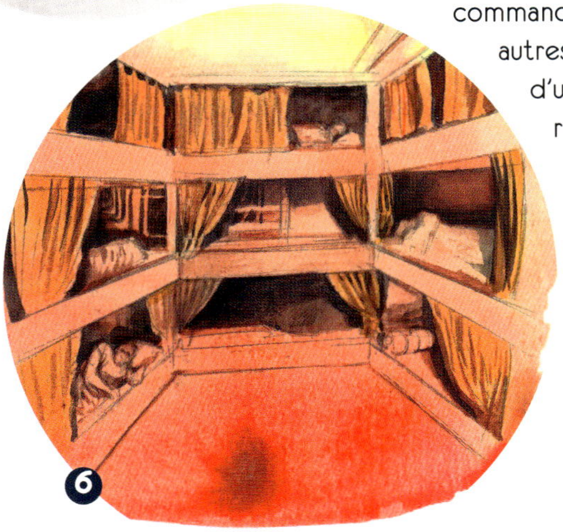

6

Chapitre 3

Les sous-marins aujourd'hui

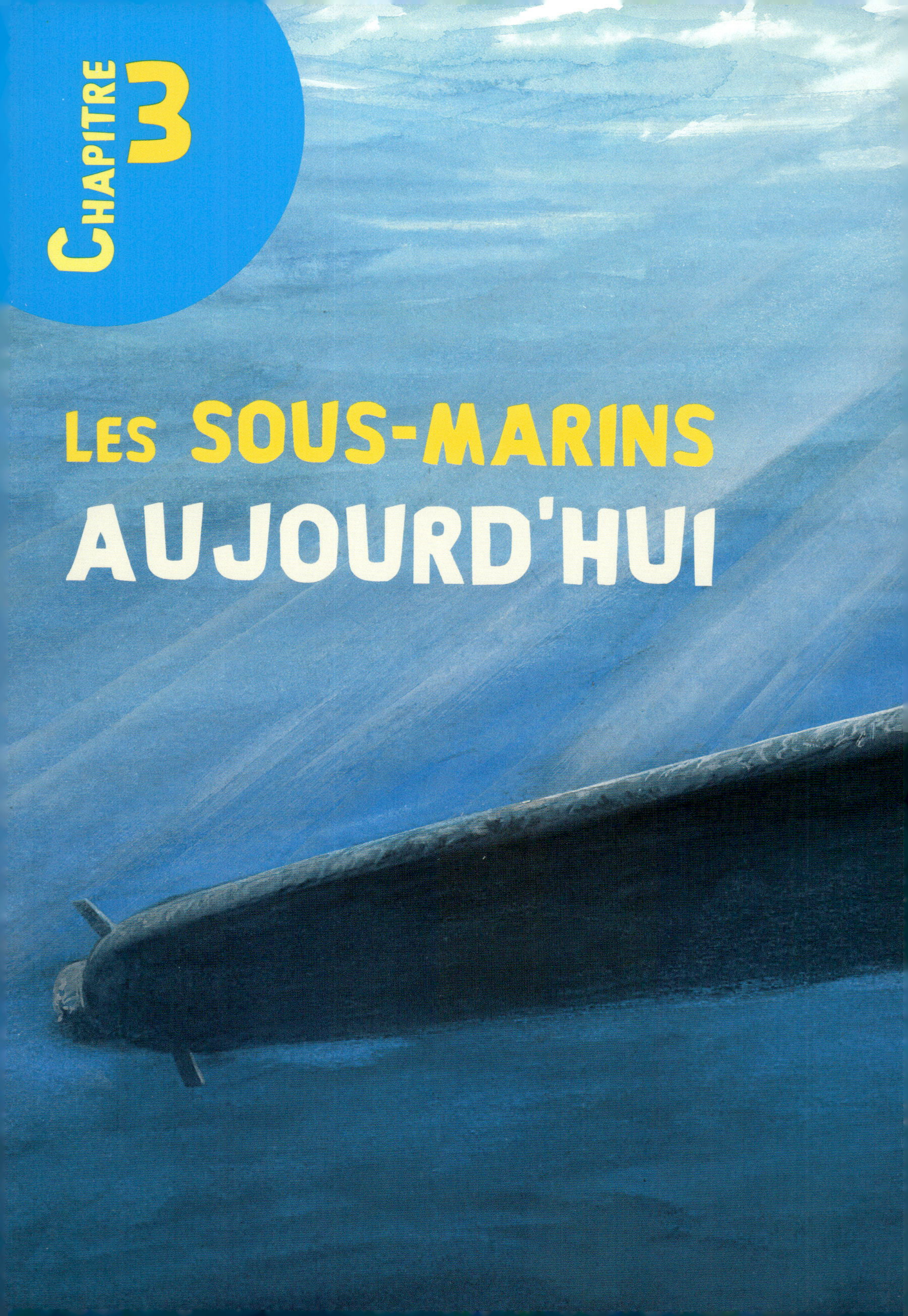

LES SOUS-MARINS CIVILS

Les sous-marins ne sont pas tous destinés à des usages militaires. Exploration océanographique, fouilles archéologiques, industrie pétrolière, les domaines d'application sont de plus en plus nombreux.

Transport maritime

Les sous-marins de commerce sont des cargos sous-marins civils permettant de transporter des marchandises et ainsi d'échapper aux contrôles du commerce de surface. Au cours de la Première Guerre mondiale, deux sous-marins allemands, le *Deutschland* et le *Bremen* ont été construits en 1916 pour échapper au blocus des Alliés. Les Allemands pouvaient ainsi se ravitailler secrètement auprès des États-Unis, pays alors neutre avant 1917. Plus tard, dans les années 1990, la Russie et les États-Unis tentent d'utiliser les sous-marins pour transporter du pétrole. L'opération s'avère trop coûteuse. Les sous-marins de poche et les engins robotisés seront par contre d'une grande utilité sur les sites d'exploitation gazière et pétrolière en pleine mer - pose de câbles, de tuyaux, inspection des infrastructures, etc.

LES BATHYSCAPHES, RECORD DE PROFONDEUR

LES BATHYSCAPHES SONT DES SOUS-MARINS CONÇUS POUR DES EXPLORATIONS SCIENTIFIQUES DE GRANDE PROFONDEUR. LE *TRIESTE*, UN ENGIN INVENTÉ PAR LE SUISSE AUGUSTE PICCARD, A FAIT UNE PLONGÉE HISTORIQUE LE 23 JANVIER 1960 À - 10 916 M DANS LA FOSSE DES MARIANNES, DANS LE PACIFIQUE. C'EST ENCORE LE RECORD ACTUEL DE PROFONDEUR.

Recherches océanographiques et archéologiques

Les progrès technologiques ont rendu possible l'exploration des fonds marins et des épaves de navires tels que le *Titanic*. Le *Nautile*, un sous-marin français conçu par l'Ifremer en 1984 pour un équipage de 3 personnes, a effectué 32 plongées sur le *Titanic* en 1987 par 3800 m de fond. Grâce à sa capacité d'immersion proche de 6000 m, 97 % de la superficie des fonds marins peut être explorée. De quoi percer de nombreux mystères géologiques, biologiques et archéologiques !

LES ROBOTS ROV

LES ROV - REMOTE OPERATED VEHICLES - SONT DES ROBOTS CONÇUS POUR EXPLORER LE FOND DES OCÉANS, ÉTUDIER DES ÉPAVES ENGLOUTIES OU TRAVAILLER SUR DES PLATES-FORMES SOUS-MARINES. CAMÉRAS, BRAS DE MANIPULATION ET ÉCHANTILLONNAGE SONT TÉLÉCOMMANDÉS DEPUIS LA SALLE DE CONTRÔLE D'UN NAVIRE EN SURFACE.

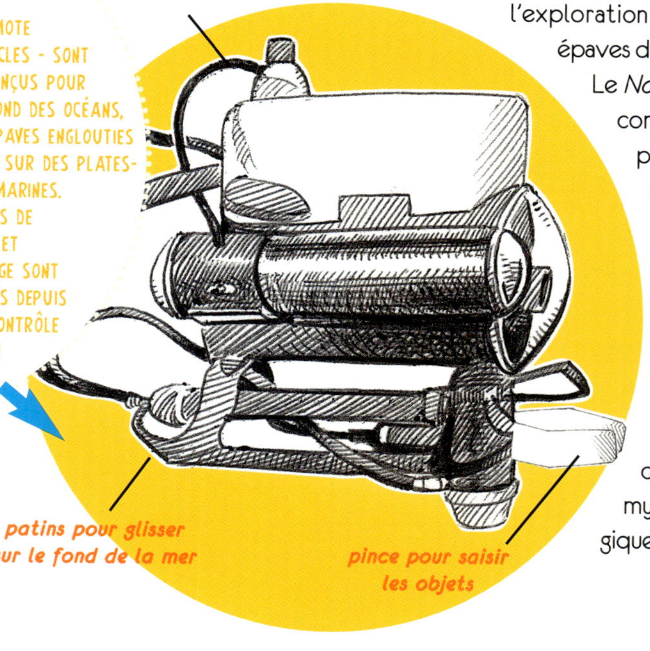

Entre habitat et sous-marins

Les océans représentant 70 % de la surface du globe, il est tentant de vouloir s'y installer ! C'est le défi un peu fou qu'a relevé l'architecte français Jacques Rougerie en dessinant un village sous-marin immergé à 40 m de profondeur pour une communauté de 50 à 250 personnes aux îles Vierges aux États-Unis. En 1998, une plongée de 70 jours a permis de tester la faisabilité du dispositif.

LES SOUS-MARINS TOURISTIQUES

LE TOURISME EN SOUS-MARIN EST NÉ DANS LES ANNÉES 1960 EN SUISSE ! À L'OCCASION DE L'EXPOSITION NATIONALE DE 1964, JACQUES PICCARD, FILS DE L'INGÉNIEUR AUGUSTE PICCARD, A EU L'IDÉE DE PROPOSER AU PUBLIC UNE PLONGÉE DANS LE LAC LÉMAN À BORD DU *MÉSOSCAPHE*, UN SOUS-MARIN DE SON INVENTION. LE CONCEPT A FAIT MOUCHE, IL EXISTE ACTUELLEMENT UNE CINQUANTAINE DE SOUS-MARINS TOURISTIQUES DANS LE MONDE. LE MARCHÉ EST EN PLEINE EXPANSION.

Sous-marins mafieux

Les sous-marins civils n'ont pas que des missions nobles ! Certains sont utilisés par des groupes mafieux d'Amérique du Sud pour véhiculer de la drogue vers les États-Unis. Ainsi des dizaines de tonnes de cocaïne échapperaient chaque année aux contrôles militaires au large des côtes de l'Amérique Centrale. Les sous-marins - des petites unités de quelques dizaines de mètres de long - sont construits clandestinement dans les forêts colombiennes.

LES NOUVELLES LUBIES DES MILLIARDAIRES. PAUL ALLEN, COFONDATEUR AUX CÔTÉS DE BILL GATES DE MICROSOFT EST L'HEUREUX PROPRIÉTAIRE D'*OCTOPUS*, L'UN DES CINQ YACHTS LES PLUS LUXUEUX AU MONDE. D'UNE LONGUEUR DE PLUS DE 120 MÈTRES, LE BATEAU DISPOSE À SON BORD D'UN SOUS-MARIN DE POCHE RANGÉ DANS SON GARAGE DE 36 MÈTRES ! AUX GRANDS PROJETS, LES GRANDS MOYENS ! POUR RÉALISER *TITANIC* ET UN DOCUMENTAIRE SUR L'ÉPAVE DU *BISMARCK*, JAMES CAMERON N'A PAS HÉSITÉ À UTILISER LES SOUS-MARINS DE POCHE RUSSES *MIR 1* ET *MIR 2* DESTINÉS À LA RECHERCHE OCÉANOGRAPHIQUE EN GRANDE PROFONDEUR. L'OPÉRATION A ÉTÉ COÛTEUSE MAIS, AVEC 1,8 MILLIARDS DE DOLLARS DE RECETTE, LE JEU EN VALAIT LA CHANDELLE !

TROIS TYPES DE

Il existe trois types de sous-marins à travers le monde : les sous-marins diesels d'attaque dits conventionnels, les sous-marins nucléaires lanceurs d'engins et les sous-marins nucléaires d'attaque.

Sous-marin diesel d'attaque

Les sous-marins diesels d'attaque, équipés de torpilles et de missiles, sont les sous-marins les plus nombreux à travers le monde. De petit tonnage, en général entre 500 et 3000 tonnes, ils fonctionnent au diesel en immersion périscopique et sur batteries électriques en immersion profonde. Leur vitesse est d'environ 12 nœuds en surface. Elle est variable en plongée (jusqu'à 20 nœuds) et a un impact sur la consommation d'électricité. Ils bénéficient d'un regain d'intérêt depuis la fin de la Guerre froide. Ils sont en effet très bien adaptés aux marines qui n'ont pas de vocation océanique pour des missions à la navigation le long des côtes ou dans des détroits, zones stratégiques pour contrôler l'accès du littoral. Leur coût relativement modéré les rend accessibles aux nations émergentes. En 2006, la Chine présente la plus grande flotte de sous-marins conventionnels au monde.

Sous-marin nucléaire lanceur d'engins balistiques, SNLE

Les SNLE sont des sous-marins à propulsion nucléaire de grand tonnage - plus de 10 000 tonnes - équipés de missiles balistiques à charges nucléaires, de torpilles et d'armes anti-navires. Ces bâtiments ont pour principal objectif de dissuader tout conflit. En effet, leur capacité de riposte est telle que toute attaque perdrait de son intérêt. Ces sous-marins sont réputés être les plus silencieux ! Ils peuvent naviguer à 300 m d'immersion. Héritage de la Guerre froide, la Russie et les États-Unis possèdent à eux seuls 80 % des SNLE du monde.

SOUS-MARINS MILITAIRES

Sous-marin nucléaire d'attaque, SNA

Les sous-marins nucléaires d'attaque sont des chasseurs. Plus petits en taille que les SNLE, ils servent surtout à détecter des sous-marins ennemis, à protéger ou attaquer des navires de surface, à détruire des cibles terrestres, à mouiller des mines, à participer à des actions de forces spéciales comme un débarquement de commandos, à espionner des zones sous-marines hostiles, etc. Les SNA sont équipés principalement de torpilles lourdes, de missiles de croisière, de missiles anti-navires et de mines.

Aux risques et périls de l'équipage

Depuis les années 1960, une dizaine de naufrages de sous-marins nucléaires ont eu lieu dans les océans Atlantique et Pacifique. Parmi les accidents les plus connus, le naufrage du sous-marin russe le *K-129* reste énigmatique. Le bâtiment a coulé au large de la base américaine de Pearl Harbor en avril 1968 par plus de 5500 m de fond faisant une centaine de victimes. Une opération secrète, financée par la CIA, aurait permis de récupérer une partie du bâtiment russe. Quelques semaines plus tard, c'est au tour du sous-marin nucléaire américain le *Scorpion* de couler au large des Açores par plus de 3000 m de fond avec 99 sous-mariniers à bord.

Heureusement, tous les naufrages ne se terminent pas aussi mal. La catastrophe du sous-marin nucléaire russe le *K-219* en 1986 reste à cet égard dans les annales. Grâce au dévouement et au courage du sous-marinier Igor Preminine – qui y laissa malheureusement la vie –, l'explosion du réacteur atomique a pu être évitée au moment du naufrage. L'équipage a été évacué.

NAUFRAGE DU *KOURSK*, UN SNA RUSSE. EN AOÛT 2000, LE SOUS-MARIN NUCLÉAIRE RUSSE LE *KOURSK* FAIT NAUFRAGE AU LARGE DE LA NORVÈGE À LA SUITE DE L'EXPLOSION ACCIDENTELLE D'UNE TORPILLE. ÉVENTRÉ, LE BÂTIMENT COULE PAR 100 M DE FOND AVEC 118 SOUS-MARINIERS À BORD. 23 SOUS-MARINIERS TROUVENT REFUGE DANS UN COMPARTIMENT DU SOUS-MARIN ET ATTENDENT LES SECOURS. PENDANT PLUSIEURS JOURS, LES RUSSES ENTREPRENDRONT DES OPÉRATIONS DE SAUVETAGE QUI TOUTES MALHEUREUSEMENT ÉCHOUERONT. LE *KOURSK* A ÉTÉ RENFLOUÉ EN 2001, IL EST ACTUELLEMENT SUR CALE SÈCHE EN RUSSIE POUR EXPERTISE.

À QUOI SERVENT-ILS ?

Grâce à leur discrétion, les sous-marins sont polyvalents : ils peuvent fouiner, frapper, piquer, saboter, ruser... Leur potentiel d'attaque en cas de conflit est vaste.

Les drones submersibles

Les drones, des avions sans pilote utilisés pour la première fois par les Américains pendant la guerre du Vietnam existent aussi sous forme submersible. Ces drones, des AUV - acronyme pour Autonomous Underwater Vehicles - sont des petites torpilles programmées. Bien qu'il en existe plusieurs centaines à travers le monde, la plupart des modèles sont encore à l'état de prototypes. Robotisés, les drones serviront surtout à la lutte anti-sous-marine. Outils de déminage, ils pourraient remplacer à terme les hommes-grenouilles actuellement en charge de ces opérations.

Attaque du trafic commercial

L'attaque du trafic commercial relève de la stratégie du blocus. En détruisant tous les navires de ravitaillement en vivres, armes et matières premières, les forces sous-marines peuvent affaiblir peu à peu leur ennemi. Coupé du monde extérieur, ce dernier voit ses réserves se tarir et ses défenses s'affaiblir. La riposte est difficile car, du fond des mers, le sous-marin est difficilement détectable. Les U-Boote allemands ont excellé dans cette stratégie pendant la Deuxième Guerre mondiale.

Attaque des forces adverses

L'attaque des navires de guerre, sous-marins et bases d'armement ennemis par missiles ou torpilles est une stratégie complémentaire du blocus, directe et efficace. Elle consiste à tirer sur tout ce qui bouge ! Missiles anti-navires, torpilles filo-guidées, mines, missiles balistiques, missiles de croisière, tout est bon pour détruire les forces ennemies, sur mer et sur

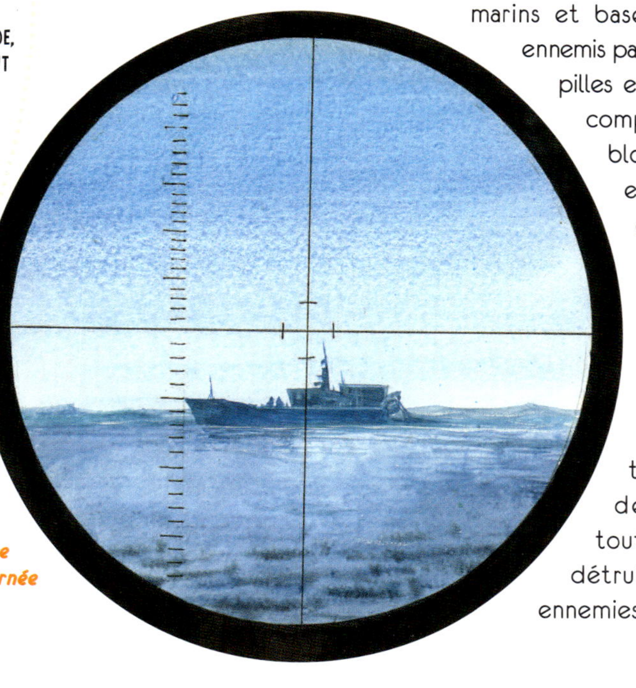

vue périscopique d'un bateau en journée

terre. Grâce aux moyens de communication modernes, ils participent à l'escorte des porte-avions.

Minage et opérations spéciales

Telle une morsure de serpent à la cheville, les sous-marins savent aussi attaquer leurs adversaires de manière subtile. Minage, espionnage, sabotage d'installations, transport de biens précieux et de personnel, les opérations spéciales sont variées. Elles sont effectuées à partir de sous-marins adaptés à la mission, par exemple dotés d'un sas pour laisser sortir et entrer des nageurs, ou à partir d'engins spéciaux tels que des torpilles humaines et des sous-marins de poche. Pendant la Deuxième Guerre mondiale, les torpilles humaines italiennes ont été d'une efficacité redoutable !

Équipement de protection anti-nucléaire

La dissuasion stratégique : l'armement au service du maintien de la paix

Dans le domaine des armements nucléaires, le monde devient chaque jour plus incertain. En dépit des divers traités de limitation des armements, les technologies permettent de développer des têtes nucléaires et les missiles capables de les transporter deviennent accessibles à de plus en plus de pays. Pour se protéger, les grandes nations disposent de sous-marins porteurs de missiles nucléaires - des SNLE - quasi invulnérables dont la capacité de riposte est considérable, et donc dissuasive.

LA DISSUASION NUCLÉAIRE : QUI S'Y FROTTE S'Y PIQUE !

LE CONCEPT FRANÇAIS DE DISSUASION PEUT ÊTRE RÉSUMÉ EN UNE FORMULE SIMPLE : "SI VOUS ATTAQUEZ DES INTÉRÊTS QUE JE JUGE VITAUX, JE SUIS CAPABLE DE VOUS INFLIGER UNE RIPOSTE D'UNE AMPLEUR SANS COMMUNE MESURE AVEC LE GAIN QUE VOUS ESCOMPTIEZ. " C'EST DONC UNE SORTE DE DIALOGUE AVEC L'ADVERSAIRE QUI DOIT ABOUTIR À NE PAS UTILISER L'ARME NUCLÉAIRE, MAIS QUI NE S'EXERCE QU'AVEC DES MATÉRIELS PERFORMANTS ET UN POUVOIR POLITIQUE CRÉDIBLE.

vue périscopique d'un bateau en infra-rouge

QUI EN POSSÈDE ?

Les sous-marins militaires ne sont pas que l'apanage des grandes puissances. Les pays émergents sont eux aussi en quête d'une force sous-marine de plus en plus imposante.

Les grandes puissances nucléaires

Les États-Unis (1), le Royaume-Uni (2) et la France (3) sont les seuls pays dont la flotte sous-marine est exclusivement à propulsion nucléaire.

La Russie (4), la Chine (5) et l'Inde (6) possèdent des sous-marins à propulsion nucléaire et diesel.

Le Brésil (7) s'apprête à devenir le premier pays d'Amérique du Sud à posséder une flotte sous-marine nucléaire. Vers 2030, le pays envisage de se doter de 5 sous-marins nucléaires d'attaque.

ET LES SOUS-MARINS DE DEMAIN ?

IL EST PROBABLE QUE LE NOMBRE DE PAYS DÉTENTEURS DE SOUS-MARINS VA CONTINUER À AUGMENTER. LES PROGRÈS TECHNOLOGIQUES FERONT ÉVOLUER LES SOUS-MARINS VERS DES FORMES ENCORE PLUS HYDRODYNAMIQUES - LE MASSIF RESTE PEU ADAPTÉ À LA VITESSE EN IMMERSION. DE NOUVELLES SOURCES DE PROPULSION AVEC NOTAMMENT LES PILES À COMBUSTIBLE DEVRAIENT VOIR LE JOUR. ENFIN, GRÂCE À DE NOUVEAUX MATÉRIAUX, LA SÉCURITÉ, LA VITESSE ET LA DISCRÉTION ACOUSTIQUE DES SOUS-MARINS ACTUELS SERONT ENCORE AMÉLIORÉES.

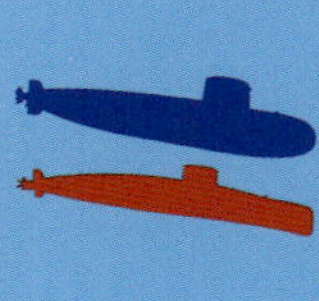

Les puissances émergentes

Les puissances émergentes - le Brésil, l'Iran (8), la Corée du Sud (9), la Corée du Nord (10), le Pakistan (11), la Turquie (12) et bien d'autres pays disposent de sous-marinades à propulsion diesel. La Corée du Nord comptant jusqu'à 88 sous-marins diesels d'attaque est un des pays émergents les mieux équipés. L'Inde, le Pakistan, la Corée du Sud en possèdent également entre 10 et 20 chacun.

La Marine française

Depuis 2001, la Marine française ne compte plus de sous-marins conventionnels. Ceux-ci - une trentaine au total - sont aujourd'hui tous désarmés. Sa force sous-marine se compose actuellement de 4 SNLE et de 6 SNA de classe Rubis, bientôt remplacés par 6 SNA de classe Barracuda.

LES SOUS-MARINS

BANDE DESSINÉE

Le sous-marin du professeur Tournesol

Dans *Tintin et le trésor de Rackham le Rouge*, Tintin, le capitaine Haddock et les Dupond - Dupont partent à la recherche d'un trésor présumé enseveli dans l'épave de la *Licorne*... Le professeur Tournesol leur met à disposition un sous-marin de poche de son invention, un prototype en forme de requin.

Ce sous-marin inspirera Fabien Cousteau - petit-fils du célèbre explorateur Jacques Yves Cousteau - qui fera construire en 2004 à Hollywood un modèle équivalent pour filmer le grand requin blanc dans son environnement naturel.

Le *Nautilus* du capitaine Némo

Le *Nautilus* est le sous-marin du capitaine Némo dans le roman de Jules Verne *Vingt mille lieues sous les mers* paru en 1869. Inspiré par le *Nautilus* de l'ingénieur américain Robert Fulton, le *Nautilus* du roman fonctionne avec des piles à combustible, possède deux coques, contient des ballasts, navigue à 50 nœuds... comme les sous-marins modernes ! Jules Verne avait anticipé non seulement les progrès technologiques des sous-marins mais également tout leur potentiel de guerre et de destruction.

LITTÉRATURE

Les sous-marins de Michael DiMercurio

Auteur de romans spécialisés sur les sous-marins de guerre, Michael DiMercurio est un ancien officier de la marine américaine. Ses expériences vécues à bord de sous-marins américains dans les années 1980 et ses compétences en construction navale lui permettront de devenir l'un des auteurs les plus reconnus et prolifiques de techno-thrillers à travers le monde. Sa bibliographie compte 7 romans dont le dernier *La dernière Torpille* paru en 2003 qui met en scène la flotte américaine mobilisée pour empêcher une guerre nucléaire entre la Chine et l'Inde...

DE FICTION

CINÉMA

Das Boot, réalisé par Wolfgang Petersen en 1981

Das Boot raconte – à partir de récits réels – l'aventure du sous-marin allemand le *U-96* pendant la Deuxième Guerre mondiale. Il décrit la tactique de guerre de la marine nazie, l'envoi par le fond de trois navires de guerre britanniques torpillés en quelques minutes, la vie du commandant et de l'équipage à bord, etc. Exiguïté des lieux, sons du sonar, bruits de la coque qui se déforme en profondeur, le spectateur est immergé dans la réalité angoissante de la guerre sous-marine.

À la poursuite d'Octobre Rouge, film américain réalisé par John McTiernan avec Sean Connery, 1990.

Ce film américain relate l'histoire fictive du détournement d'un sous-marin nucléaire russe pendant la Guerre froide. Le commandant du navire, après avoir annoncé son intention de passer à l'Ouest, est traqué par le gouvernement russe qui veut simuler une attaque contre les États-Unis… Chassés-croisés, poursuites, manipulation, l'intrigue politique montre dans un contexte de guerre froide les relations qu'entretiennent les services secrets de deux pays à travers ce sous-marin rebelle.

MUSIQUE

« Yellow submarine » des Beatles

"We all live in a yellow submarine, yellow submarine, yellow submarine"…* Un tube des Beatles qui a fait le tour du monde dans les années 1970 et qui reste l'une des chansons les plus populaires, toutes générations confondues. Qu'est-ce qui a inspiré ces paroles aux Beatles ? Certainement pas les sous-marins nucléaires de la Guerre froide ! Paul McCartney, l'auteur de la ritournelle, a voulu écrire une chanson pour enfants dont les paroles seraient faciles à retenir. Pari gagné !

*Nous vivons tous dans un sous-marin jaune, un sous-marin jaune, un sous-marin jaune…

LES SOUS-MARINS CÉLÈBRES

Voici 6 engins français et étrangers, aussi différents qu'originaux, dont les performances technologiques et les défis humains marquent l'histoire.

Célèbres pour leurs campagnes d'attaques de convois de ravitaillement partant des États-Unis et du Canada pour l'Europe, les U-Boote sont les sous-marins des deux guerres mondiales

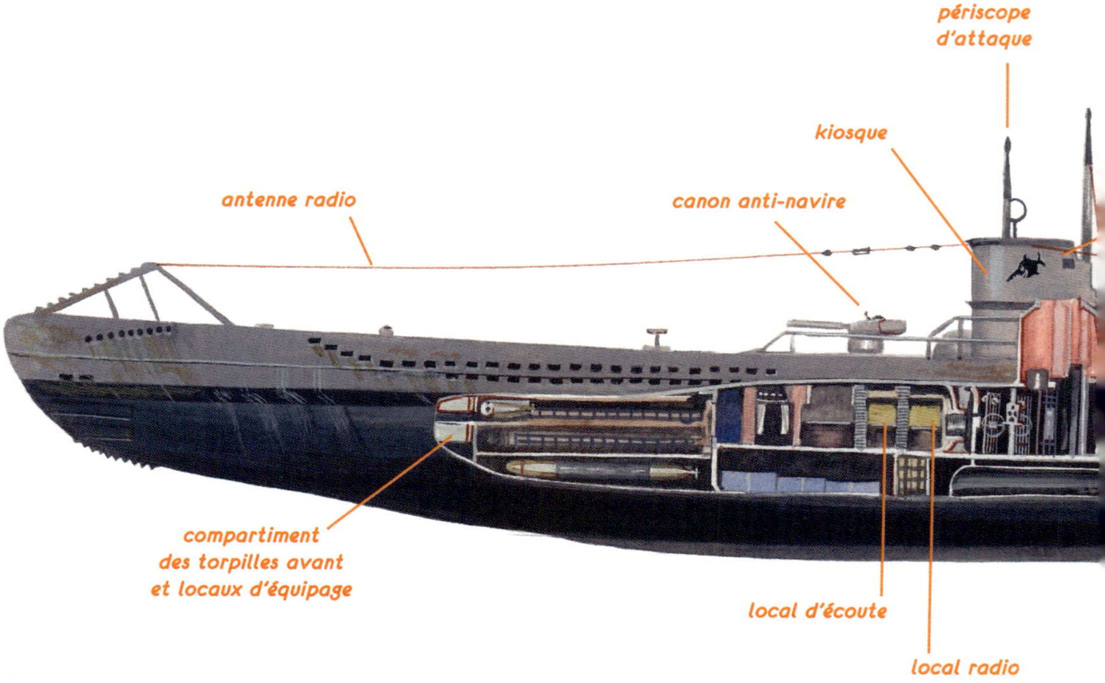

U-Boot Allemand

Type : sous-marin (Unterseeboot) propulsé par deux moteurs diesels.
Année de construction : 1939-1945
Pays : Allemagne
Description : long de 76,8 m et porteur de 22 torpilles, le U-boot type IX comptait un équipage de 48 hommes et pouvait plonger à 150 m. Exemple de la performance de la flotte sous-marine du IIIe Reich, il était conçu pour faire de longues patrouilles et a torpillé un grand nombre de navires de guerre alliés durant la Deuxième Guerre mondiale.

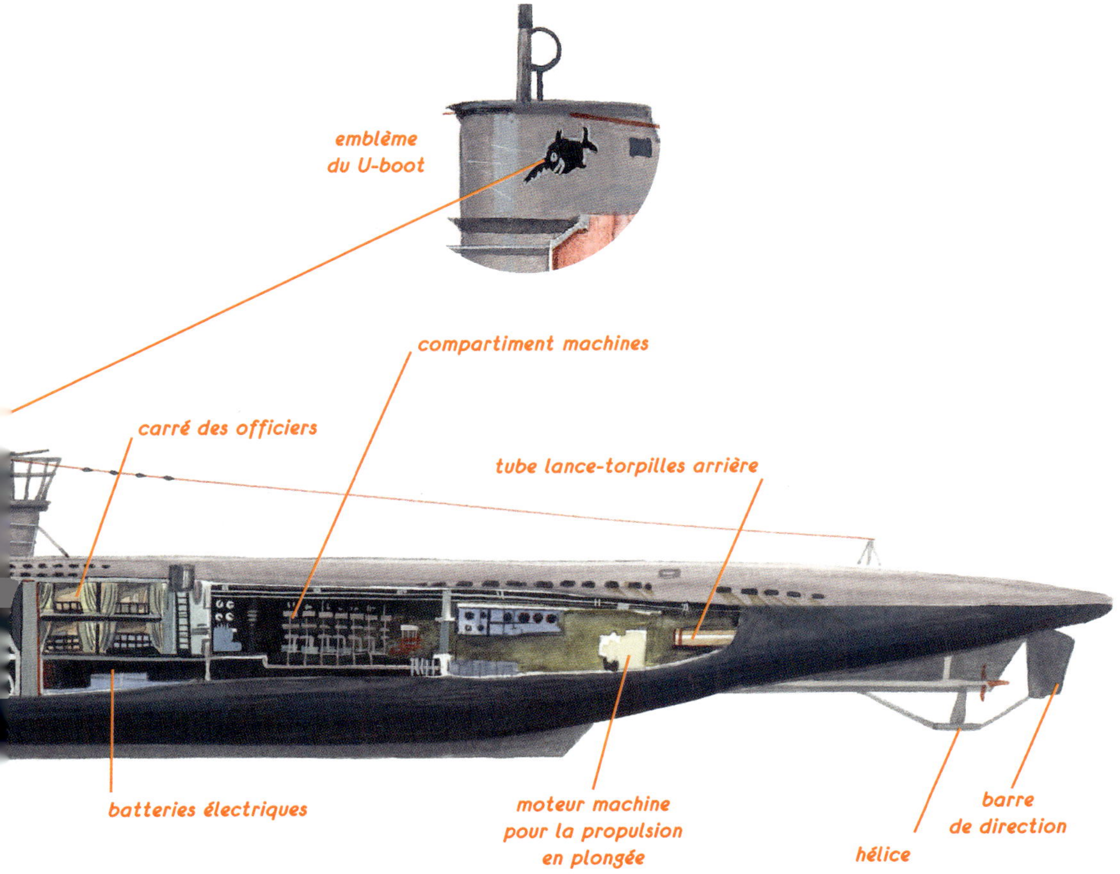

Les Sous-Marins Célèbres

La marine française est dotée de sous-marins nucléaires d'attaque et de sous-marins nucléaires lanceurs d'engins. De manière générale, les SNA protègent et escortent les SNLE qui ont eux un rôle de dissuasion nucléaire.

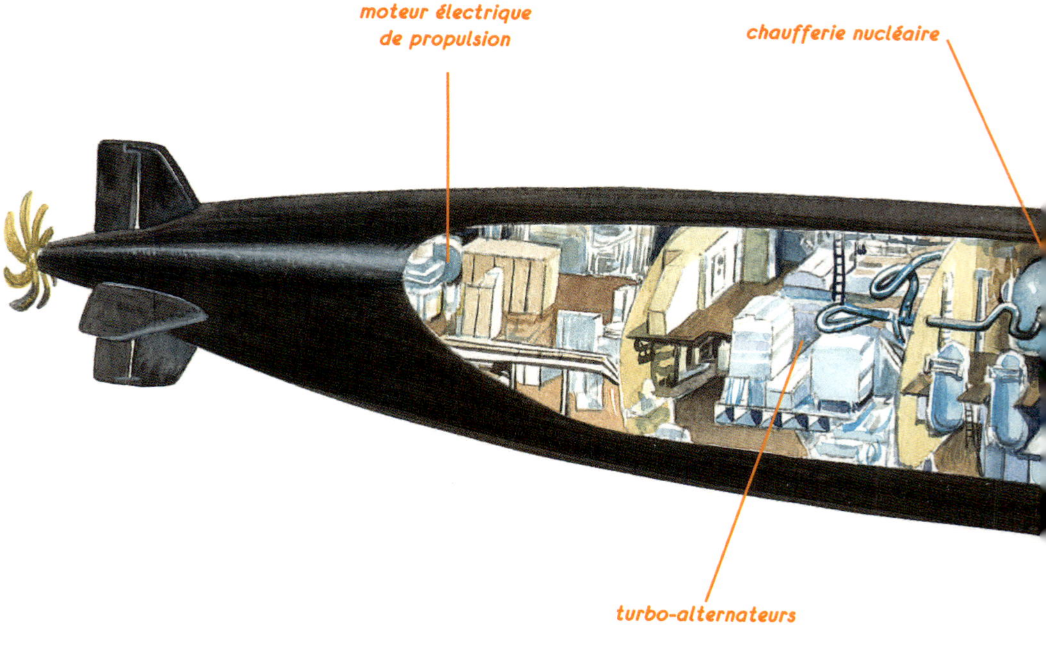

SNA Rubis

Type : sous-marin nucléaire d'attaque
Année de construction : 1976
Pays : France
Description : le *Rubis* est le premier exemplaire d'une série de six sous-marins construits dans le cadre de missions stratégiques de prévention et de protection. Long de 72 m, large de 7,6 m et haut de 6,4 m, comptant un équipage de plus de 60 hommes, le *Rubis* est le premier sous-marin nucléaire français à avoir navigué dans le Pacifique.

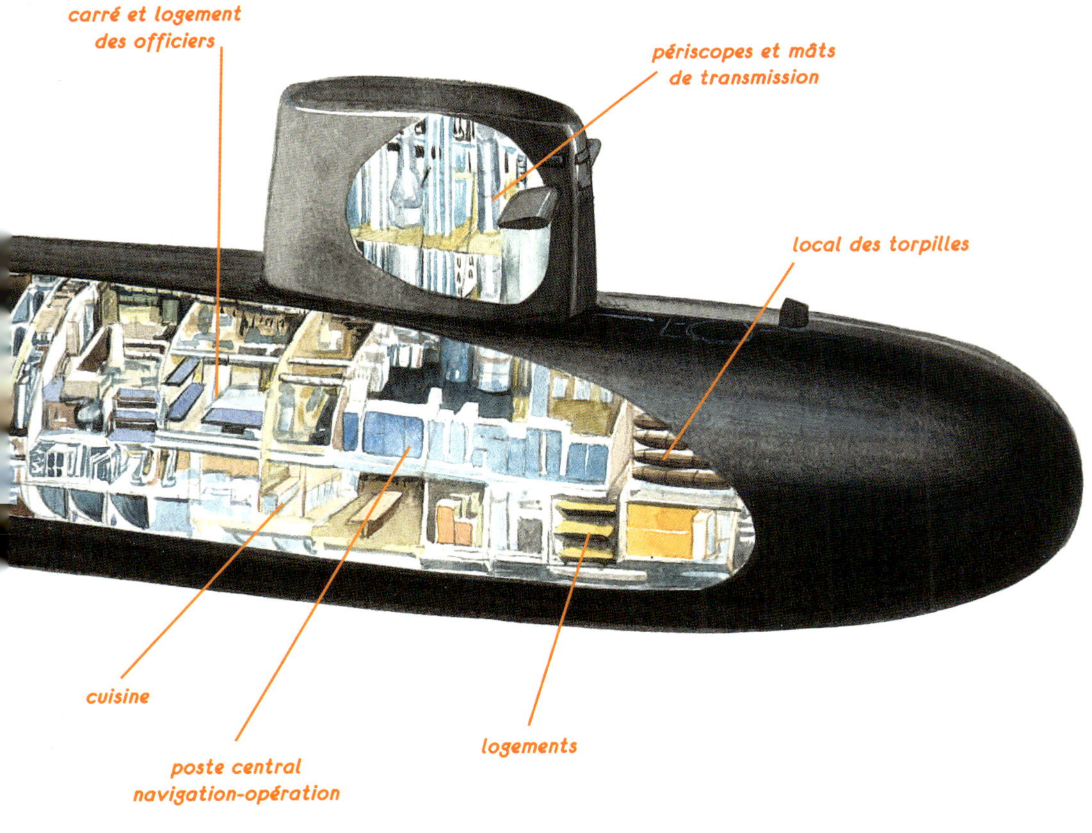

Les Sous-Marins Célèbres

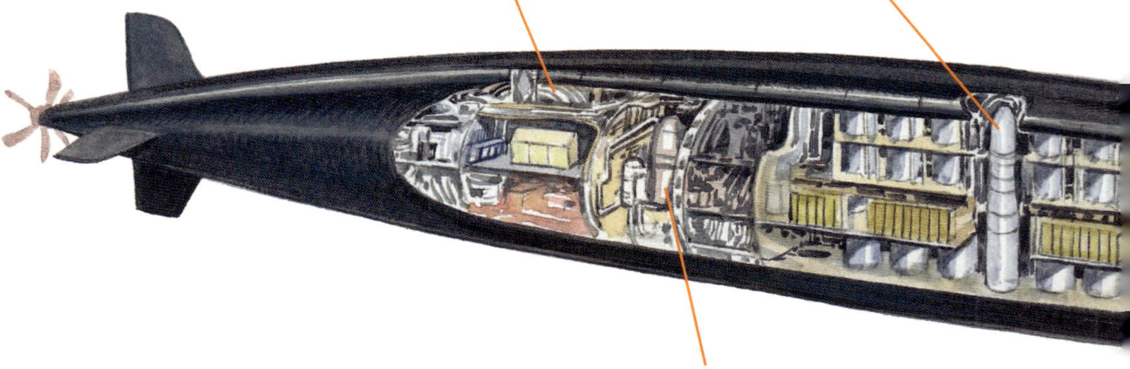

SNLE L'INFLEXIBLE

Type : sous-marin nucléaire lanceur d'engins
Année de construction : 1974
Pays : France
Description : long de 128 m pour 10 m de large et 10 m de haut, *L'Inflexible* a bénéficié dès l'origine des progrès techniques apparus depuis la conception de ces SNLE. Équipé de 16 missiles balistiques M4 et de torpilles, piloté par un équipage de 135 hommes, il a effectué 59 patrouilles et 90 000 heures de plongée. Il a été remplacé en 2008 par le SNLE nouvelle génération *Le Terrible*.

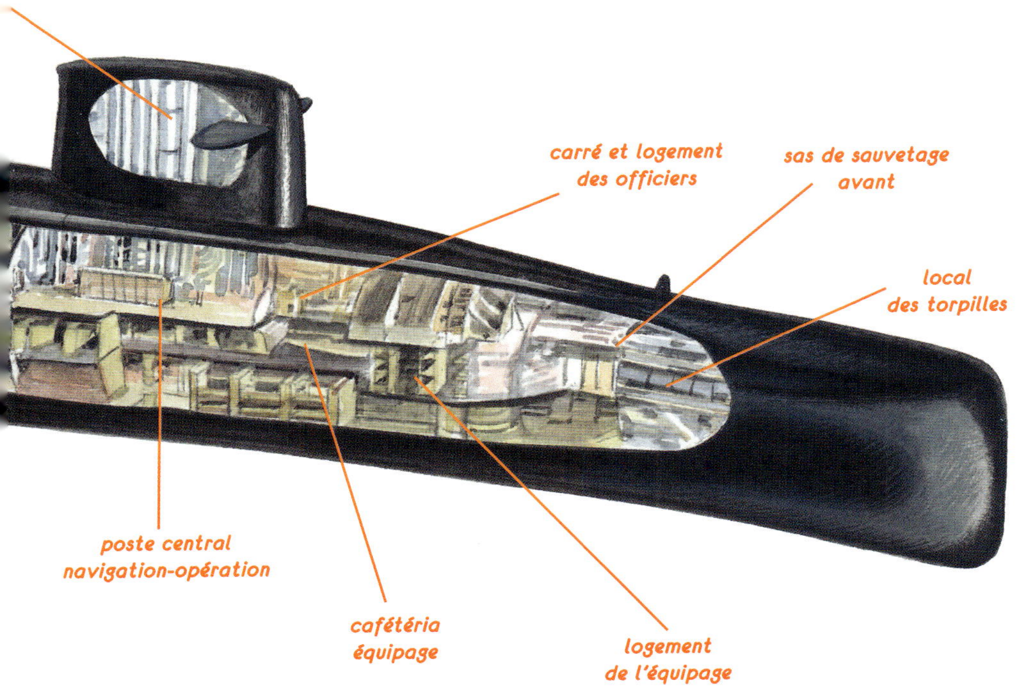

Le *Nautile* et le *Newtsuit*, dédiés à la prospection océanique et au sauvetage des sous-marins, sont deux exemples des nouvelles possibilités qu'offre la technologie sous-marine actuelle. De la prospection océanographique aux travaux sur plates-formes sous-marines en passant par les opérations de sauvetage, l'exploration des océans par des engins robotisés, habités ou non, ne fait que commencer...

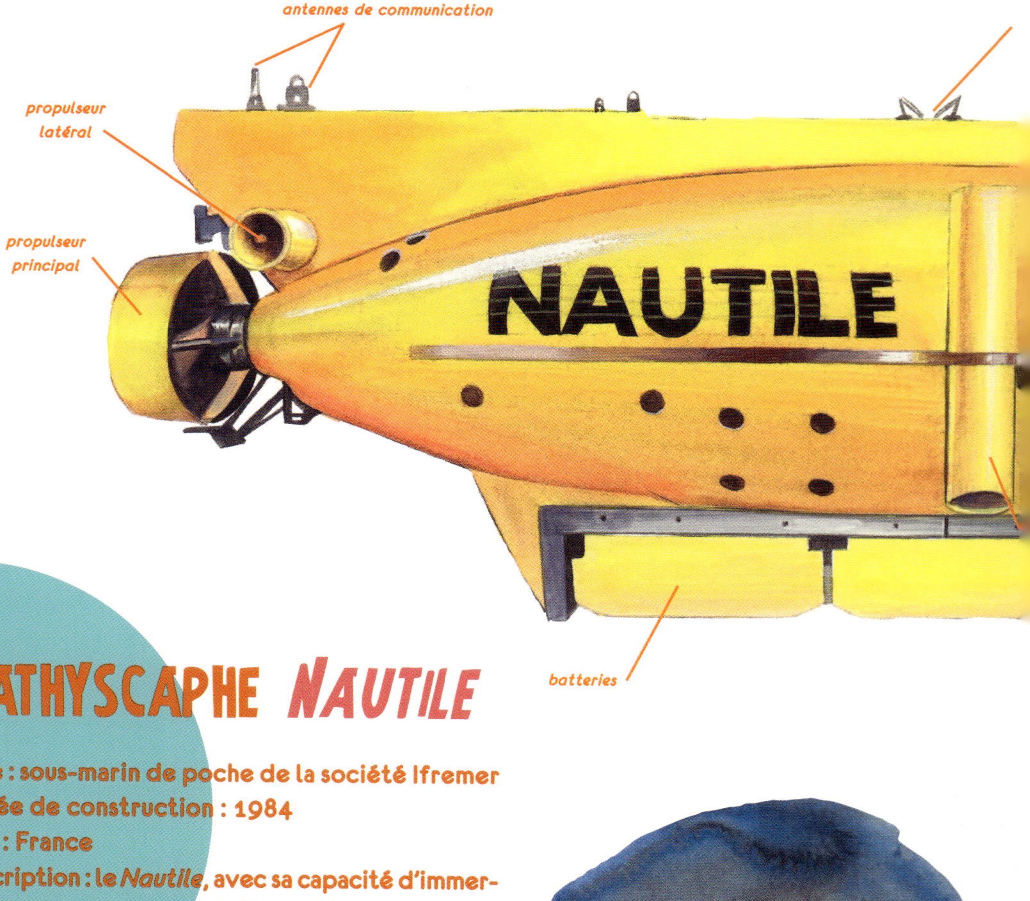

BATHYSCAPHE *NAUTILE*

Type : sous-marin de poche de la société Ifremer
Année de construction : 1984
Pays : France
Description : le *Nautile*, avec sa capacité d'immersion de 6000 m, permet d'ausculter 97 % de la surface sous-marine. Ses plongées - 1500 plongées depuis sa mise en activité - sont destinées à la recherche océanographique : fouilles archéologiques et géologiques, épaves polluantes, travaux offshore, etc.

Engin de sauvetage Newtsuit

Type : scaphandre atmosphérique de plongée dédié au sauvetage
Année de construction : 2003
Pays : conception canadienne, développé en France
Description : pesant 250 kg sur terre, l'intervention de secours consiste à plonger un tuyau pour ventiler un sous-marin en difficulté jusqu'à 300 m d'immersion. Le *Newtsuit* travaille sous la direction d'un robot de surveillance et est aérotransportable.

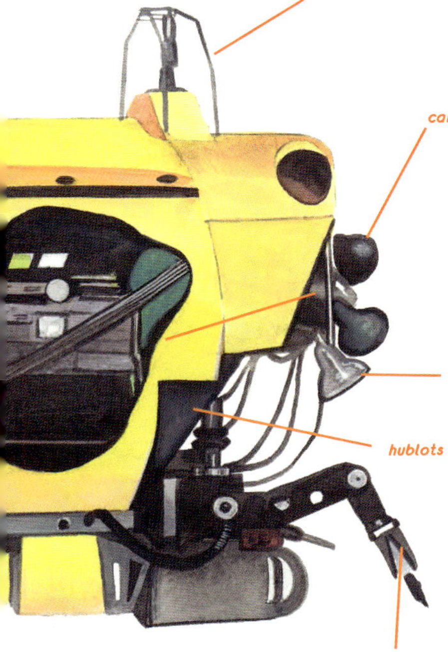

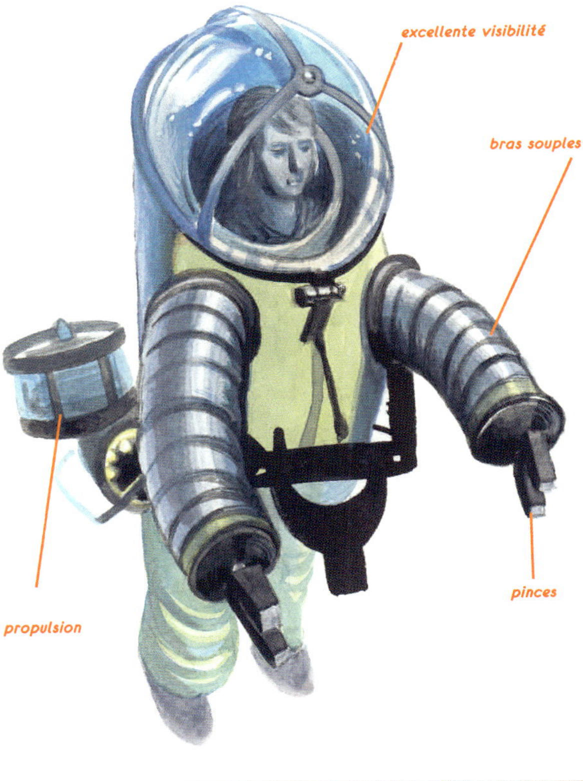

Dans la collection

Vivre la mer

2009

La pêche en mer

Les sous-marins

à paraître

Les Loisirs en mer

Les Porte-avions

La Piraterie

L'Océanographie

La Médecine navale

Quelques bonnes adresses :

Pour visiter le sous-marin *La Flore* :
http://www.la-flore.fr

Les forces sous-marines de la Marine nationale :
http://www.defense.gouv.fr

Pour visiter le sous-marin *Le Redoutable* :
http://www.citedelamer.com

Pour visiter le sous-marin *L'Espadon* :
http://www.saint-nazaire-tourisme.com

Dossier sur les sous-marins :
http://www.planetethalassa.com

Site généraliste sur les sous-marins : *http://zone.sousmarins.free.fr*

Portail sur les sous-marins : *http://www.corlobe.tk*

Site sur les activités militaires maritimes françaises :
http://www.netmarine.net

Pour visiter le sous-marin français l'*Argonaute* à la Cité des Sciences et de l'Industrie :
http://www.cite-sciences.fr

Site sur les U-boat (en anglais) : *www.uboat.net*

AGASM, Association Générale Amicale des Sous-Mariniers :
http://agasm-sectionminerve.com

Liste d'ouvrages sur les sous-marins :
http://www.librairiedelamer.com

Site sur le yacht sous-marin civil le *Phœnix 1000*, conçu par la compagnie américaine US Submarines (en anglais) :
www.ussubs.com